超自分史のすすめ

三田誠広◉著

東京堂出版

はじめに

ただの《自分史》ではちょっと寂しい

《超自分史のすすめ》という本を書こうと思っています。

どういう内容の本かということは、これから少しずつお話ししていきますが、とりあえずどういう読者を対象にしているかということを述べておきましょう。

このタイトルの本を手にとられたということは、あなたはおそらく、《自分史》というものに関心をおもちなのだろうと思います。

わたしとしても、そこのところが狙いなのですが、《自分史》に関心のない読者には無縁の本かというと、そういうわけではありません。

いままで《自分史》といったものにまったく興味がなかった人にも、自分で意識していないだけで、じっくりと考えてみれば、どうしても書いておきたい《自分についての歴史》というものが、必ずあるはずなのです。

まだ実際には書いていないけれども、あなたが歩いてきたその背後には、あなたの歴史というものが、長く続いているのではないでしょうか。

誰もが《自分史》の素材をもっているのです。

何十年と生きていれば、さまざまな体験が積み上げられてきたことでしょうし、人生というものは人それぞれですから、その歴史は千差万別です。どれ一つとして、誰かとまったく同じなどという《自分史》はないのですから、それは個性的で、魅力的なものであるはずです。

そんな《自分史》を、あなたも書いてみませんか。

これがわたしからの提案であり、この本を書く理由でもあるのですが、本のタイトルには、《超自分史》という言葉を用いました。

つまり、ただの《自分史》ではないということですね。

ここのところが、この本の特徴なので、まず最初に、《超自分史》とは何かということをお話ししておきましょう。

《自分史》という言葉が用いられるようになったのは、それほど古いことではありません。

それまでは《自伝》とか《自叙伝》という言い方がふつうでした。

しかしこの言葉には、功成り名を遂げた人が書く立派な人の記録、つまり本人が書く《偉人伝》といった語感がありました。誰が見ても偉い人、というような人が、ふんぞりかえって書くもの、というのが、《自伝》という言葉にはつきまとっています。

一般人にとっては、ちょっと敷居が高いのです。

これに対して《自分史》というのは、少しへりくだった感じがします。

偉くない人が、こっそり書く。

そんな感じがしますね。

謙虚で控えめな人にとっては、《自分史》の方が親しみやすいということでしょう。

《自分史》という言葉の初出はよくわからないのですが、一九七五年に色川大吉の『ある昭和史 ── 自分史の試み』(中央公論社)という本が出ていますから、すでに数十年の歴史があります。

ちょうどその頃から、活版印刷に代わる写真植字や和文タイプを用いた簡易な印刷システムが普及して、誰でも本が出せるようになり、多くの人々が自分史を書くようになりました。これが第一期の《自分史ブーム》をもたらしたのでしょう。

さらに専用ワープロやパソコンの普及で、誰もが自分の文章を活字で打てるようになりました。またワープロで打った原稿をデータとして印刷所に入れると、自費出版のコストも安くなるということで、《自分史ブーム》はさらに加速することになりました。

自費出版というのは、印刷された本の大半を著者が買い取るというシステムです。出版不況といわれる時代ですが、自費出版の場合は出版社が損をすることはありませんから、いまでは大手の出版社までが、自費出版を手がけるようになりました。

《自分史》の書き方についても、いまではネット上にも《自分史》に関するサイトがいくつもありますし、《自分史》の書き方についての本も何種類も出ています。

《自分史》を書こうと思えば、そういうサイトや本を見れば、書き方はわかるのですか、何かを参考にすると、型にはまったものしか書けないという問題が生じます。

型にはまったものの典型は、書き込み式の《自分史》のノートみたいなものですね。立派な装丁の書物のような体裁になっていて、そこには数十年にわたる近代の年表がすでに印刷されています。その年表の中に、自分に関する事柄を書き込んでいけば、近代史と個人の歴史を融合させた、もっともらしい《自分史》が完成するという仕組みになっています。

そういうお手軽な《自分史》は別としても、《自分史》の書き方のサイトや本を見ると、まず自分に関する年表を書き出してみましょう、と指南しているものが多いようです。とりあえず簡潔な年表のようなものを作り、それをもとにして《自分史》を書くということですね。

でもそういう書き方は、何かに似ている気がしませんか。

そうです。履歴書ですね。

《自分史》というのは、もしかしたら、少し詳しい履歴書のようなものかもしれません。ただし、《自分史》を書くような人は高齢者ですから、これから就職するというわけではないでしょう。つまり《自分史》というのは、役に立たない履歴書なのです。

それって、ちょっと寂しいことだと思いませんか。

《超自分史》とは何か

履歴書を書くというのは、いってみれば、自分の人生を型にはめて箇条書きにするような試みです。

どこかの町や村で生まれ、中卒で集団就職したとか、高卒で学校の斡旋で企業に入るとか、大学や専門学校を出て、それなりに有名な企業に就職するとか、出発点では多少の差異があったでしょうが、あとはその会社でずっと働いて、定年まで勤めていた、というような人が多いのではないかと思われます。

主任から係長、課長、部長と、出世した人もいるでしょう。転職して収入を増やした人もいるでしょう。中には会社の倒産や、リストラで、路頭に迷った体験をもっている人もいるでしょう。でも、そういった体験を箇条書きの年表にしてしまえば、そこからは個別の人生にはあるはずの、一人の人間が生きたというなまなましい存在感が、漂白されたみたいに消え失せて、よくあるサラリーマンの半生というただの類型になってしまいます。

それでは《自分史》を書く意味がありません。

《自分史》を書く目的は、自分の人生をありきたりな型にはめることではなく、自分という個別の存在が確かにある年月、この国、この社会、この日本の風景の中で生きてきたという、生存の証のようなものであるはずです。他の誰でもない、あなただけの生き方が、そこに書き込まれていなければ、《本物の自分史》とはいえないのです。

ここではその《本物の自分史》のことを、《超自分史》と呼んでおきます。

わたしは年表を作ってはいけないと言っているのではありません。自分の人生について、年表のようなものを作って整理することは大切です。人間の記憶力には限界がありますから、自分が実際に体験したことでも、ふだんはすっかり忘れてしまっています。そして思い出す機会もなく、完全に忘れてしまったかと思われる記憶もたくさんあるはずです。

そういう記憶でも、思い出す度に記録していけば、かなりの充実した年表ができますし、年表を見ているうちに、その前後のことも思い出すことがあるので、整理された年表を作ることには意味があります。

わたしが指摘したいのは、年表を書くだけで何事かをなしたような気分になって、安心してはいけないということです。

年表に書けることというのは、自分を類型化して抽出したものです。履歴書の最初に書く、昭和何年生まれとか、本籍地とか、男か女か。高校卒業、大学卒業は何年か。そういった事柄は、あなたの本質を無視して、ごく表面だけを記述したものです。そこからさらに一歩踏み込んで、あなた自身のなまなましい息づかいが感じられるような姿を読者に伝えるためには、より具体的で詳細なイメージを、しっかりと書き留めることが必要です。

あなた自身の自分だけの歴史なのですから、類型化したり、理屈で解釈したりせずに、なまなましい記憶をそのまま文章に定着させればいいのです。

多くの人は会社などの職場で、役目を負って生きてきました。部長とか課長とかいった役職というのも役目ですが、店頭でお客さまに対応する人、外回りの営業の人、仕入れや買い付けを担当する人など、仕事上の役目をもっています。

あなたはどんな人ですか、と誰かに尋ねられたら、とりあえず自動車販売店で営業を担当していますとか、製薬会社で経理を担当していますとか、自分の仕事を答えておけば、どういう人かはわかります。

でもそれは、あなたの仕事であって、あなたそのものではありません。

本当のあなたといったものは、仕事とは別のところに存在しているのではないでしょうか。

自分を語るというのは、会社での役職や仕事の内容ではなく、一人の人間としてのあなたが、どのような人なのかということを語る必要があります。これは、履歴書などには書き込めない、プライベートな領域に属する事柄です。

一方、プライベートな領域にも、役割というものはあります。わたしには息子が二人います。彼らの前では、わたしは《お父さん》でした。いまは孫もいますから、《おじいちゃん》と呼ばれることもあります。

これはわたしの役割です。本当のわたしは、《お父さん》でも《おじいちゃん》でもありません。

この《本当のわたし》を、文章にして書き残しておく。子どもも孫も、いままでただの《お父さん》であった人の胸の内に、こんな記憶や、こんな思いがあったのかと、びっくりするような、個人的な体験の集積……。

それを書くのが《超自分史》です。

あなた自身の、人間としての姿をとらえてください。それもなるべく、確かにここに一人の人間が存在したのだという、なまなましい存在感を盛り込んでください。

でもそんな《超自分史》を、どうやって書けばいいのでしょう。年表や履歴書を書くだけなら、箇条書きにすればいいだけですから、簡単そうです。

でも人間のなまなましい姿をとらえるなんて、小説家でもなければ、書くのは難しそうです。

大丈夫です。とにかく次のページに進んでください。

わたしは長く大学で小説の書き方を教えてきました。早稲田の第二文学部（残念ながらいまは廃止になっています）で教えていた頃は、わたしよりも年上の学生が何人も学んでいました。この学部は社会人の編入入試の制度があって、定年退職したような高齢者が入りやすくなっていたからです。

彼らは小説を書くというのではなく、まさに《自分史》を書こうとして、わたしの講座を登録した人たちです。彼らとつきあうことで、ごくふつうの人に見える高齢者の皆さんの胸の内に、味わい深い体験の記憶や、しんみりとした深い思いが秘められていることに気づかされて、わたしの方が学ぶことになりました。

ですから、わたしにはノウハウがあります。

ただの履歴書のような《自分史》ではなく、仕事や役割を離れた一人の人間としての生き方を記録した、本物の《自分史》、すなわち《超自分史》を、皆さんにも書いていただきたいと思います。

三田　誠広

超自分史のすすめ◉目次

第二章 青春時代の夢と挫折

第三章 社会という門をくぐる時

第八章 人生についていま思うこと

第一章

心の奥底に刻まれた風景

失われた記憶を復元する

さあ、ここからは、《超自分史》の書き方についてのお話です。

出発点は、自分というものの出生です。

とはいえ自分が生まれた時の記憶がある人はいないでしょう。

年表式の《自分史》なら、何年何月に生まれた、と一行ですんでしまうところです。

《自分史》の指南書の中には、図書館に行って、自分が生まれた日の新聞を読んで、その日にどんなことがあったかを調べなさい、といったアドバイスを掲げたものもあります。あらかじめ社会の年表が印刷してある書き込み式の年表なら、その年の主な出来事の脇に、自分が生まれた、と書き込むだけでおしまいです。

でもそれなら、同じ日に生まれた人は、皆、同じような出発点にいることになってしまいます。《自分史》の書き始めから、類型的で型にはまった記述になってしまったのでは、書く意味がありません。

自分が何年何月に生まれたといった数字に意味があるわけではないのです。その時代の人々の生活がどのようなもので、それを幼いあなたがどのように感じていたか。その具体的な記述が必要なのです。

生まれた日の記憶がなくても、親から聞いた話はあるのではないでしょうか。

わたし自身のことをお話ししましょう。

わたしはとても小さな赤ん坊だったそうですが、難産でした。破水したのに赤ん坊が出て来なかったので、胎内に風船みたいなものを入れて空気を送り込み、ふくらんだ風船に押し出されるようにしてわたしはこの世に生まれたそうです。

これは現場で目撃した祖母から聞いた話です。祖母はかなり細かいことまで話してくれました。だからわたしは、自分が生まれた瞬間のことを、具体的にイメージすることができます。こんなふうに、人から聞いた話でもいいから、自分に固有の状況を記述することが、《超自分史》の出発点です。

こういった細かい情報があれば、ありきたりな類型からどんどん逸脱していきます。それだけユニークな《自分史》になるということです。

細かい情報は、多ければ多いほどいいのです。

もしもご両親とか、年上のご兄弟がご存命なら、自分が生まれた時の状況がどんなものだったか、話してもらうといいでしょう。

それでも、家族から聞く情報というのは、限られています。

重要なのは、あなた自身の記憶です。

記憶というものは、単なる情報ではありません。そこには感覚的なものがくっついています。喜怒哀楽ですね。楽しかったり、悲しかったりといった、感覚とともに記憶が構成されている場合には、それは強い印象となって、あなたの胸の奥に深く刻まれていることでしょう。

わたしが幼年期や、少年期の思い出にこだわるのは、生い立ちというものが、人の人格形成に大きな影響力をもっているからです。

人間は遺伝子というものをもって生まれてくるので、ある程度の資質は両親から受け継ぐのですが、同時に人間は知恵をもった生物ですから、後天的に体験したり学習したりしたことの影響を受けます。

そこにもご家族が関わりますから、血筋というものは大切ですが、変化の激しい現代社会では、世の中の動きというものの影響も受けることになります。

自分が生まれた土地や、その時代の雰囲気といったものは、あなたの性格や人柄に、決定的な影響を与えているはずです。

ですから、自分を語るということになれば、まずは幼かった頃の記憶を、詳細にたどる必要があるのです。

オギャーと生まれた時の記憶はなくても、三歳から五歳くらいのことなら、いくつか記憶が残っているのではないでしょうか。

あなたが思い出せる最も古い記憶……。それは何でしょうか。

たいていの人が、幼児の頃のことは忘れています。

しかしそれは、記憶が完全に消去されているのではなく、脳内のどこかのメモリーに記録されているのに、その情報にアクセスできないだけなのです。

何かのきっかけで、その情報の一部にでもアクセスできれば、記憶は連鎖的に、ということは芋づる式に、一気に復元できます。

二十世紀文学の最大成果の一つとして高く評価されている、フランスの作家マルセル・プルーストの『失われた時を求めて』の冒頭は、大人になった主人公が、子どもの頃のことを思い起こすところから始まります。

そのきっかけとなったのが、甘い紅茶です。

たまたま友人の家で、ミルクティーが出され、これにマドレーヌという焼き菓子をちぎって浮かべるとおいしいよと言われて、主人公は何気なく言われたとおりに、マドレーヌの小片を紅茶に浮かべます。

マドレーヌというのはバターを入れて練った小麦粉を焼いた菓子ですが、卵と砂糖を多めに入れたもので、それ自体が甘いものです。これを砂糖入りのミルクティーに浮かべると、さらに甘ったるくなり、しかも水分を吸った焼き菓子がどろどろに溶けた感じになります。ここに紅茶の香りが加わるのですね。

その甘さと食感と香りを口の中で味わっているうちに、突然、主人公の脳裏に、子どもの頃に確かにこの味を体験したことがあるという、なまなましい記憶がよみがえってくるのです。

主人公は幼児の頃、コンブレという村で短期間、暮らしていました。そのことをすっかり忘れていたのですが、紅茶を吸ったマドレーヌの食感を糸口にして、記憶が次々によみがえってくることになります。

そのようにして、二十世紀最大の作品ともいえる『失われた時を求めて』という作品は始まっていくのですが、これはプルーストの特異な体験ではなく、誰にでも、同じように、だしぬけに遠い記憶がよみがえってくる瞬間というものが、あるのではないでしょうか。

とにかく何か一つでも、記憶がよみがえってくれば、そこから芋づる式に、次々と記憶が連続してよみがえってきます。

まずはあなたが幼い頃に住んでいた家の間取りを考えてみてください。食事をするお茶の間はどんなふうだったでしょうか。母親が働いていた台所はどんなふうだったですか。それから、あなたがふだんいた部屋、玩具か何かで遊んだところ、さらに寝た部屋、そんなことを思い出してください。

するとさまざまな記憶がよみがえってくるはずです。

終戦直後に生まれた人、あるいはそれよりも高齢の人の場合は、お茶の間にテレビはなかったでしょう。でもラジオはありましたね。そのラジオはどんな形をしていたでしょうか。いまのラジオと違い、かなり大きな装置だったはずです。しかもその装置を裏からのぞくと、ぽつぽつと赤い光の見える真空管がともっていました。どうです、だんだん思い出してきたでしょう。

室内は蛍光灯ではなく、裸電球だったと思います。台所には土間があったのではないでしょうか。もちろん電気冷蔵庫はなくて、氷を入れる冷蔵庫です。毎朝、氷屋さんが氷を配達してきました。洗濯機はなく、母親が洗濯板で洗濯をしていたのではありませんか。ご飯はお釜で炊いていました。田舎の方なら薪をくべていたのではないでしょうか。

そんな細かいことばかり思い出して、どうするんだ、と言われるかもしれませんが、こういう細部が何よりも大切なのです。

あなたが子どもの頃に育った状況というものは、その時代、生まれた町、あなたの家の暮らしぶり、そして両親や親族の人柄など、あなた自身の固有の生い立ちによって、微妙に違ってくるものです。こうした細部こそが、《超自分史》の出発点なのです。

あなたの生い立ちの記録を、お孫さんに読んでもらおうと思ったら、こうした細部はぜひとも必要な情報です。昭和何年に、どこそこで生まれたと書くだけでは、お孫さんにとって、あなたの子どもの頃の生活ぶりは、想像を絶したものでしょう。

誰の心にもある宝物……母親の思い出

あなたが幼児だった頃、日本全体はまだ貧しかったはずです。とくに大都市と地方の山奥のようなところでは、大きな落差がありました。早い話、電気が来ていない村もあったと思いますし、電話なんて見たこともないという人も多かったでしょう。水道のあるところはほとんどなかったのではないかと思います。井戸水をポンプでくむしかなかったのです。バス便などもなく、鉄道の駅まで一日がかりで歩いていくというようなことも珍しくなかったのです。

貧富の差もありました。もしもあなたが、すでに《自分史》の年表みたいなものを用意されているのなら、その年表に、こんな情報を書き込んでみましょう。テレビが自分の家に入ったのは何歳の時か、電気洗濯機は、電気冷蔵庫は、電気炊飯器は……。同じ町に暮らしていても、それぞれの家庭によって、生活の格差は際立っていました。友だちの家にはテレビがあるのに、自分の家にはない、という悔しい体験を、誰もが心の奥底に秘めているはずです。

そうした家庭内の状況から、あなたの個性が生じたのですから、これは大切な情報です。それに読者に対する配慮でもあるのです。あなたが生まれ育った環境というものは、いまの若い人には想像もつかないものですから、若い読者でもイメージしやすいように、細かいことをちゃんと書いておく必要があるのです。

細かいことをどんどん思い出していくと、幼い頃に暮らした家の全体の間取りがうかびあがってくると思います。その家の中でどんな暮らしがあったか、おりにふれて思い出していきましょう。まずは母親とのやりとりが、細部までうかびあがってくるでしょう。

あなたのお母さまは、どんな感じの人だったのでしょうか。やさしい人だった、などといった類型で済ましてはいけません。

どんなやさしい母親でも、厳しいところはあったはずですし、カッとなることもあったでしょう。母親の思い出で、いちばん嬉しかったことは何でしょうか。そう考えてみると、具体的なシーンが思いうかぶでしょう。一つ、また一つと、思い出がよみがえってきて、どれが一番とはいえないと思います。そんなふうによみがえってきた具体的なシーンをいくつか書いておけば、あなたの母親への思いが自然に表現できます。

母親の思い出を書くというのは、実はあなたの人柄を描くことになるのです。

自分にとっての大切な思い出というのは、あなたという人間の心の中に長い時間、秘められたものです。あなたの心の中で、じわじわと発酵して、より美しくなった思い出です。それは結局、あなただけの貴重な思い出なのですし、それを語るということは、自分自身を語ることになるのです。

誰にとっても、母親の思い出は、心の内に秘めた宝物です。その大切な思い出のいくつかを、文章で表現して、宝物を読者と共有する。それが《超自分史》を書く喜びです。

そしてまた、そういう大切な思い出に接することは、あなたの《超自分史》の読者にとっても、読む喜びにつながるのです。

自分は大企業の部長だった。こんなでかい取引を実現した。というような自慢話は、語っているあなたは楽しいでしょうが、それを面白がる人はいません。あなたのご家族だってうんざりしていることでしょう。

でも母親の思い出なら、みんな感動します。おふくろの手料理の味。とくに子どもの頃の、世の中が貧しかった時代の料理を思い出してください。

誰にだって、母親の思い出はあります。あなたの文章を読みながら、読者もまた自分の母親のことを思い出し、自分の母への思いをまじえながら、あなたの思い出に共感する。そんな心と心との交流ができたら、素晴らしいではありませんか。

もっとも、母親と子どもの関係というのは、母親の人柄や、兄弟の人数によっても違ってきます。母親が子どもにべったりの人で、一人っ子だとしたら、母と子の関係はかなり緊密になるでしょうし、兄弟の人数が多ければ、一人の子どもとの密度はうすくなります。

わたしは四人兄弟の末っ子ですが、他の兄弟とは歳が離れていましたので、母親を長く独占できる立場でしたが、母親はカラッとした性格の人でしたし、仕事をしていましたので、母親との密度は、あっさりしたものでした。

とくに幼児の頃は、祖父がわたしの子守をしていましたので、幼い頃の思い出を探ってみても、祖父の面影しかうかんで来ない気がします。

祖父は昼間からお酒を飲んでいました。一升瓶から、コップに酒を注ぐのですが、何かの拍子に、畳の上に酒をこぼしました。すると祖父は、はいつくばるようにして畳の表面に顔をつけ、ズズッとこぼれた酒をすすりました。

もしかしたら、これがわたしの、一番古い記憶なのかもしれないのですが、その時、お酒というのはそこまで美味なものなのか、という印象が強く植え付けられました。

わたしがお酒を大切にする人間になったのは、幼い頃のこの記憶に起因していると思われます。

まあ、それでも、母は働きながら、わたしの世話もしてくれました。明るくて気の強い人でしたし、歌舞伎や演劇が好きで、わたしも影響を受けたと思います。子どもの頃はよく母親に連れられて映画を見に行きました。

たぶん皆さんにも、お母ぎみの思い出がたくさんあると思います。

その一つ一つを、心をこめて記していけば、《超自分史》のオープニングとしては、素晴らしいものになるはずです。

父親は社会とつながっている

母親の話が出たついでに、父親のことも思い出してみましょう。

ここで注意していただきたいのは、母親と違って、父親について何か書こうとすると、途端に類型的な表現になりがちだということです。

昔の母親は専業主婦が多かったので、職業や肩書きでは表現できません。だからこそ、具体的にどんな人だったのかということを、しっかりと思い出す必要が出てきます。

父親の場合は簡単です。中学校の校長をしていたとか、町役場の職員だったとか、魚屋さんだったとか、大工さんだったとか、職業だけを書いて済ませてしまいがちです。

そこに落とし穴があります。

たいていの人が、母親との接触の密度と比べたら、父親との交流はわずかだったかもしれません。母親のことなら、いくらでも思い出せるけれども、父親のことなどほとんど憶えていないという人も、少なくないでしょう。

あなたの父親が役人とか、会社員とかであれば、昼間の大半は家にいなかったでしょう。船員とか、出稼ぎに出る人であれば、何ヵ月も会えないこともあったでしょう。

住居と一体の店舗でお店を開いていたり、自宅に作業場がある職人さんだったり、農業や酪農だったりすれば、毎日、父親の顔を見たことでしょうし、時には父親の仕事の手伝いをしたといったこともあるでしょうが、それにしても、母親のように、ぴったり寄り添ってくれるわけではないので、あなたにとって父親は、最初に接する他人、といった感じの人だったかもしれません。

確かに、父親というものは、子どもにとって、ある程度、距離をもった存在です。乳幼児期の子どもにとって、母親というのは、自分の体の一部のようなものです。空腹を感じたとか、何か不快なことがあれば、ギャーと鳴き声を立てれば、母親が対処してくれる。その意味では、意のままになるものであり、その人が他者であるという認識には到らないことが多いのです。

それに対して、父親というのは、何だかわからない存在です。家の中ではいやにいばっていて、威厳があり、やたらと命令し、時には暴力をふるうこともある。それなのに、いったいどういう人なのか、よくわからない存在、それが父親です。

しかし父親には、重要な役割があります。

父親は子どもにとって、社会というものとの最初の接点といってもいいでしょう。家の中にいるお母さんや、お祖父さん、お祖母さんなどは、せいぜいご近所づきあいをしているだけの人です。ところがお父さんは、どこか遠くまで働きに出るのですね。そこでは、隣近所とはまったく違った社会があり、お父さんはそこで何やら大切なつとめを果たしている。だからこそ父親は、一家の主であり、家族の皆から尊敬されているのです。

子どもというものは、社会については何も知りません。とくにテレビもなかった時代には、社会というものについては、なかなか具体的なイメージをもてなかったと思われます。

けれどもお父さんは、社会とつながっていて、何かりっぱなお仕事をしているのだということですから、よくわからなくても、子どもは父親という存在を通して社会というものの存在を感じ、父親を尊敬しているのです。

いま述べたのは一般論です。社会の窓口としての父親と子どもの関係は、家庭によって微妙に違っています。あなたの子どもの頃は、どうだったでしょうか。あなたは父親というものをどのようにとらえていましたか。その父親の背後にある社会というものを、どのように感じていたでしょうか。

あなた自身が父親というものをどのようにとらえ、また父親の仕事とか、父親が生きている社会というものを、どのようにかいまみてきたのかということを、なるべく具体的に、細部にわたって書いていくと、あなた自身の生い立ちがより鮮明にうかびあがってくることになります。

わたしの個人的な体験をお話しましょう。わたしの父は小さな町工場を経営していました。事務所の二階に自宅がありましたから、わたしは階下に下りさえすれば父親の姿を見ることができました。事務所も工場も、全体が一つの親族のようなものでしたが、何十人かの従業員がいましたから、そういう人たちを仕切っている父親は、それなりに威厳のある人物だと感じていました。

しかし父親は従業員に向かって大声で命令するような人ではありませんでした。穏やかな感じでの人で、むしろ無口でした。

とくに父親は、家族に対しては無口でした。

仕事が終わり、事務所の二階に上がってくると、毎晩、お茶の間の定位置で、日本酒で四合ほどの晩酌を楽しんでいましたが、家族に話しかけるわけではなく、黙々と酒を飲んでいました。家族は先に食事を終え、それから父親が飲み始めるので、家族との会話といったものはまったくありませんでした。父親は背が高く、座高も高く、お茶の間にいれば存在感があります。わたしにとって父親は、黙って飲んでいるだけの人でした。

父親はたまに、外出することがありました。取引先との接待などで、宴会があったのでしょう。そういう場所から帰ってきた時の父親は、宴会の空気をまとっていました。ふだんより少し酒量も増えたのでしょうし、取引先との間で会話がはずみ、気分が昂揚していたのかもしれません。そうした時の父は、ふだんよりも上機嫌で、子どもにも声をかけることがありました。

父はよく土産をもって帰ってきました。竹の皮に包まれた焼売です。おそらく飲み屋街のいっかくに店があるのだと思うのですが、いつも同じ焼売でした。竹の皮に入っているというところが、いかにも半世紀前のお土産です。いまの若い人は、竹の皮といっても、何のことかわからないでしょう。

わたしはその竹の皮に入った焼売の向こうに、大人の男たちが酒を飲みながら、仕事を進めていく世界があるのだなと感じていました。飲み屋というところがどんなところなのか、イメージはわかなかったのですが、大人の男は外で飲むことがあり、それが仕事の一部なのだということは、わかっていた気がします。

わたしは大人になって社会に出てから、仕事関係の飲み会に出ることが多くなりました。いまもよく飲みに行きます。飲みながら編集者と仕事の話をしたり、同業者と飲んだり、小説の書き方を教えている大学の先生方との宴席に加わった時に、ふと、父親のことを思い出します。そしてその宴席こそは社会であり、自分はりっぱに社会で働いているのだという実感をもつことになるのです。

懐かしい故郷の風景への思い

家の中のようすを思い出すことができたら、今度は外に出てみましょう。簡単なことです。子どものあなたが、家の玄関なり勝手口に行く。その場面を頭の中に思いうかべてください。そうして戸を開けて外に出ていくあなたを想像してみてください。何かが見えてくるはずです。

あなたの実家の向かいの家はどんな家でしたか。両隣はどんな家だったでしょう。家の前の道はどれくらいの幅だったでしょう。幼稚園に行く道、小学校へ行く道、あるいは最寄りの駅に向かうには、どちらの方向に行ったでしょうか。

目的地を決めたら、歩いてみてください。何かが見えてくるはずです。わたしの実家の隣は、電器屋さんでした。その向かいは炭屋さんです。炭屋なんて、いまの若者にはわからないでしょうね。昔はどの家庭にも火鉢がありました。魚を焼くのに七輪を使っていました。炭は必需品でしたから、どの町にも炭屋がありました。その少し先にパン屋があり、それからタバコ屋さんがあり……。

こうやって思い出していけば、いくらでも思い出せます。

中でも一番に心がおどる場所。それは紙芝居屋さんが来る地点ですね。それから駄菓子屋。さらに縁日に夜店が出る神社に通じる道路。思い出すだけでわくわくした気分になってきます。あなたにもそんな場所があるはずです。忘れてしまっているようでも、一つ一つ、関連づけて記憶をたどると、まさに芋づる式に、記憶というものは次々とよみがえってくるものです。

《超自分史》とは、自分にとっての、かけがえのないものを、一つ一つ丹念に記述していく作業です。徹底的に過去の細部にこだわることで、あなたの大切な人生が、目の前にうかびあがってくるのです。

さあ、あなたの故郷の細部を思い出してください。

子どもの頃の写真などがあれば、大いに助けになります。写真があるからといって、安心しないでください。その写真をもとに、前後の記憶を思い出して、その周囲の土地のたたずまいを記憶の中に復元する作業が必要です。

できればあなたが生まれ育った土地の、地図みたいなものがあればいいですね。昔の地図が入手できないなら、現在の地図でもけっこうです。ネットの地図なら、地形図や上空からの写真に切り換えることができますので、山や谷の感じがよくわかります。

もちろん現在の地図は、あなたの子どもの頃とは違っています。新しい道路が通ったり、ショッピングセンターなど大きな建物が建設されたりもしています。けれども、道筋というものは、それほど大きく変わるものではありません。現在の地図を見ていれば、あなたの子どもの頃の風景が、頭の中にうかんでくるはずです。

故郷の風景。

誰にとっても心温まるものですし、思い出すと胸の奥底がきりきりと痛むような感じがするのではないでしょうか。

あなたの心の奥にある、最も美しい故郷の風景とは、どんなものでしょうか。

ここが重要なところです。あなたが故郷の風景をどのようにとらえているか。そこにあなたの個性が出てきます。

わたしは大阪生まれの大阪育ちですが、漫才は嫌いですし、コテコテの大阪弁は嫌いですし、阪神タイガースも嫌いです。でも生駒山の眺めは好きですし、大阪城も大好きです。環状線がクルッと回っているところも好きですし、私鉄が発達しているところもすごいと思います。

こんなふうに、何が好きで何が嫌いかと書いていくだけでも、他の誰でもない自分というものの個性が見えてくるのですが、できればもう少し詳しく、好きなものをしっかりと語ってください。あるものを好きになるというのは、偶然ではありません。その人の資質や性格と微妙にからまりあっているのです。

理屈っぽく分析する必要はありません。ただ好きなものを好きだと語るだけでいいのです。なるべく具体的に、微妙なニュアンスまでしっかりととらえて書き込んでいくうちに、あなたという人の特質や個性が見えてくるのです。

できればそこに、過ぎ去った時の流れに対する、思い入れみたいなものがあるといいと思います。少しセンチメンタルになってみるのもいいでしょう。いまはなくなってしまった懐かしい風物を、思いをこめて語ってください。

たとえば紙芝居です。紙芝居って、ただ紙芝居を見るだけではありません。紙芝居のおじさんは、商売でやっているのですから、お金を儲けないといけません。劇場や映画館のように、ゲートがあって入場料をとるというわけにはいきません。そこで紙芝居屋のおじさんは、お菓子を売っていたのですね。

ジャーに入ったアイスクリームとか、甘く味付けしたスルメとか、水飴とか、そんなものを買うことが、紙芝居を見る料金を払うかわりになっていました。

紙芝居を見る時に買ったお菓子の味などを思い出してみるのもいいでしょう。

あなたは幼児だった頃、どんな遊びをしていましたか。ベイゴマは得意だったですか。メンコとか、ビーダマだとか、遊びには道具が必要です。女の子にまじってゴム跳びをしなかったでしょうか。あなたが女性なら、ままごとや、あやとりや、お手玉をしたでしょうか。

そうした遊びのほとんどは、いまの子どもたちには伝わっていないものです。

できる限り具体的に、遊びの内容を伝え、子どもや孫の世代に、わたしたちの時代の雰囲気を伝えたいものです。

この本の読者もおそらく、高齢者と呼ばれる年代の方々でしょう。ということは、幼い頃の思い出を書こうとすると、半世紀前の時代を語ることになります。そのことはある程度、意識していた方がいいでしょう。

半世紀前といえば、戦争がありました。また敗戦直後の瓦礫の中での生活があり、そこから急速に日本経済は復興を遂げました。わたしたちの幼少期は、その激しい変化の時代にあたっています。

わたしたちが《自分》を語るということは、同時に、社会を語り、時代を語ることにもなるのです。

あまりにも個人的なことばかりを書いていると、こんなもの、読者にとって何の役にも立たないだろうと、書くのをためらう人がいるのですが、ためらう必要はありません。きわめて個人的で、微に入り細にわたった具体的な表現こそが、実はその時代の社会を描くことになるのです。

子どもの文化を振り返る

わたしたちは高度経済成長の中を生きてきました。

その結果、幼い時にはなかったものが、ある時期に、生活の中に入りこんできたという体験をもっています。

電気冷蔵庫や洗濯機、炊飯器など、便利な道具が次々と家庭の中に入ってきたわけですが、子どもにとっては、あまり切実なものではありません。

子どもの生活を大きく変えたものとして特筆すべきは、まずはテレビでしょう。テレビというものは、明らかに時代の潮流を作りました。『月光仮面』とか、『ローハイド』とか、誰もが知っている番組がありました。

当時のテレビは高価なものでしたから、ふつうのサラリーマンが気軽に買えるものではありませんでした。家に初めてのテレビが来るというのは、家族にとって最大級のイベントでした。

当時の日本には、いまよりも顕著な貧富の格差があったように思われます。テレビのような高価なものを購入できる家庭は限られていました。そこから高度経済成長の波に乗って、一般庶民の収入が上昇し、逆に大量生産によってテレビの価格は下がりました。

その接点のところで、テレビは急速に普及したわけですが、それでも家庭の経済状況には差があります。お金はあるのにテレビを買わない頑固なお父さんもいたことでしょう。それから山間部などではテレビの電波が来ないということもあったでしょう。

さらに重要なことは、民放テレビのネットワークがまだ充分に発達していなかったので、地方によっては見えないチャンネルがありました。わたしの同世代の人でも、『月光仮面』

を知らない人がたくさんいます。

わたしは全国的に人気のあったプロレス中継をほとんど見ていません。二人の姉がこの時間に『ペリーメイスン』という米国製の弁護士を主人公としたドラマを見ていたからです。

このように、どんな番組を見ていたかというのは、自分の個性を語る上で重要な項目です。当時はテレビ局も出来たばかりで、番組のコンテンツが不足していたせいか、米国製ドラマをよく放送していました。アメリカの豊かな家庭生活や、西部開拓の歴史などが、自然に頭の中にインプットされました。

それからスポーツ番組ですね。わたしは立教大学の長島茂雄の8号ホームランを中継で見た記憶があります。当時の神宮球場はいまよりも大きく、8号でも新記録だったのです。初の天覧試合における長島のサヨナラホームランもリアルタイムで見ていました。子どもの頃にどんなテレビを見ていたかというのは、わたし自身の歴史にとっても、重要な項目だろうと思います。

次に挙げなければならないのは漫画雑誌でしょう。それも週刊の漫画雑誌が、当時の子どもに大きな影響を与えたといっていいでしょう。

戦前にも『少年倶楽部』などの子ども向け雑誌はありました。雑誌の歴史は古いのですが、漫画が中心となったのは戦後です。手塚治虫や横山正輝、藤子不二雄、赤塚不二夫らの出現によって、日本の漫画は偉大な発展を遂げることになります。

わたしが幼かった頃は、『少年』という月刊の雑誌がありました。『冒険王』とか『漫画王』というのもありましたね。これらは月刊誌です。月刊誌は付録が魅力的でした。簡単な工作みたいな付録の他に、大量のミニサイズの別冊漫画がついていました。ところがある時期から、この月刊雑誌は急速に衰退しました。

週刊の漫画誌が登場したからです。『少年サンデー』と『少年マガジン』はほぼ同時期に創刊されました。当初は月刊誌の延長上に企画されていたので、読み物なども充実していたように記憶していますが、やがては漫画が中心となりました。

驚くべきことに、わたしたちの世代は、大学生になっても、この種の雑誌を読み続けていましたから、内容もしだいに子ども向きから若者向きに変わっていきました。

あなたはどんな漫画が好きだったですか。とくに記憶に残っているものがあれば、その内容と、自分がどんな影響を受けたかといったことを書いてみるのもいいでしょう。

その他に、子どもにも趣味といったものがあったと思われます。プラモデルとか、鉄道模型、切手のコレクションとか、そういったものですね。こういうものも、人間の個性の一つですから、趣味にまつわる思い出を書いてみたらどうでしょうか。

そんなふうに、子どもの頃の思い出を次々に書いていったら、それだけで一冊の本になってしまいそうです。

でも、高齢者はどうせヒマなのですから、どんどん書いていけばいいと思います。あとで取捨選択すればいいのですし、膨大な《超自分史》を、毎年一冊の割合で出し続けるというのも面白いのではないでしょうか。マルセル・プルーストに負けない大長篇になるかもしれません。

書きたいことはたくさんあるのに、どうにも文章が続かない、という人がいるかもしれません。

それは一つのエピソードから次のエピソードへの、続きの部分がうまくいかないからです。断片的な記憶しかないので、文章が流れていかない、ということで、そこで立ち止まってしまう人がいるようです。

論文を書くわけではないので、筋が通っていなくてもいいのです。記憶というものはもともと断片的なものですから、その断片的なものをそのまま書けばいいのです。

エピソードとエピソードが、うまくつながらないのなら、一行アキにして、切り離しておきましょう。わずか数行の断片がはさまっていたりしてもかまいません。その方が変化があって読みやすくなると割り切ってしまいましょう。

断片ごとに、小見出し（小さなタイトル）をつけるのもいいかもしれません。

いま書いているわたしの文章は、読者の読みやすさを考えて、ところどころに切れ目を入れ、小見出しをつけるようにしています。こんなふうにところどころに切れ目を入れた方が、読みやすいし、書くのも楽なのです。

さて、ここまで読んでこられて、いかがでしょうか。

何だか書けそうになってきたのではないでしょうか。《超自分史》は、自伝とか偉人伝ではないので、ふんぞりかえって書く必要はありませんし、こんなふうに書かなければならないという定式があるわけではありません。

自由に、気楽に、書きたいことを書けばいいのです。

第二章

青春時代の夢と挫折

青春という人生の分岐点

唐突ですが、ここで少しだけ、歴史の話をさせてください。

ヨーロッパには長く中世と呼ばれる時期がありました。日本の場合は、江戸時代のあたりを近世と呼んで、戦国時代までの中世と区別していますが、江戸時代までを中世と考えることも可能です。

大まかに言って、農民に引っ越しの自由がない社会。それが中世です。

ヨーロッパで最初に中世から脱却したのはイギリスでした。

ヘンリー八世という王さまが、アン・ブーリンという女官と結婚するために、スペインから嫁いできた王妃を離婚したのです。当時のヨーロッパはカトリックのローマ法王の支配下にありました。カトリックは離婚を認めません。離婚をするということは、カトリックからの離脱を意味するのです。

カトリックから離脱するといっても、プロテスタントになるわけではないし、宗教を捨てるわけでもありません。いままでと同じように伝統的な宗教儀式は存続しているのですが、ローマの支配下から離れ、イギリス国教会という組織を新たに作ったのです。

当時のヨーロッパでは、どの国でも、カトリックの教会は、最大の地主でした。ヘンリー八世はローマと絶縁することによって、教会の土地を所有することになりました。それまで、王が支配する土地は、貴族などの領主に分配され、さらに細分化してナイトと呼ばれる騎士階級に与えられていたのです。

ヘンリー八世は教会の土地を、商人などの資産家に払い下げました。こうして誕生した新興地主たちは意欲的で、与えられた土地に軽工業の工場を建てました。教会の土地で斜面などにある耕作に適さない土地は、羊飼いが羊を放牧するようになったので、毛織物の産業が発達することになります。

土地を所有するということは、その土地の上にいる農民を所有することになります。農民には引っ越しの自由がないからです。新興地主たちは、始めは自分の土地の農民を労働者として働かせていたのですが、産業が発展して工場を増設するようになると、人手不足になります。そこで工場主は、高い賃金で労働者を募集します。

古い領主や騎士など保守的な地主のところにいる農民たちが、高賃金につられて新興地主の工場に流動していきます。古い領主たちは、自分の土地の農民は自分たちのものだと主張したのですが、そこで登場したのが「自由」という概念です。

人間は本来、自由なのだ、という強い主張が、自由主義という思想となって、イギリスの経済発展を支えることになります。

経済の発展によって、軍備を増強したイギリスは、スペインの無敵艦隊を破って、インドにまで進出します。ここには綿花という新たな素材がありました。植民地で得た綿花を輸入することで、イギリスの繊維産業は大発展を遂げることになります。

このイギリスの発展を横目で見ていたフランスでは、十八世紀後半に大革命が起こり、農民に自由が与えられます。

さらに十九世紀の後半には、世界的に自由の波が拡がっていきます。

ヨーロッパから見れば辺境の地とされていたアメリカで南北戦争が起こり黒人奴隷が解放されます。まったく同じ時期にロシアでも皇帝の命令で農奴解放が実現されます。そして日本でも江戸幕府が滅び、明治維新による近代化が始まることになりました。

すでに産業が発達しつつあったアメリカでは、奴隷解放と同時に、綿花の輸出が制限されます。北部の工場主たちは、労働力と原材料をただ同然で入手できることになり、アメリカ経済は大発展を遂げることになります。一方、ロシアや日本では、農民は解放されたものの、産業が発達しなかったので、労働者たちは貧しい農村部にとどまるしかなかったのです。

これが一挙に解決したのが、ロシアの場合は社会主義革命であり、日本の場合は敗戦でした。

敗戦によって、日本は自由と民主主義の国になりました。財閥は解体され、地主の土地も農民に分配されました。さらに預金の引き出し制限を実施しインフレ政策をとったので、資産家は一挙に富を失いました。このことによって社会主義革命を起こすのと同じような、貧富の格差のない平等社会が実現しました。

そこから日本の高度経済成長が始まります。

わたしたちには自由が与えられました。多くの若者たちが、貧しい農村部から、大都市や、工業地帯に移動していくことになります。

でもそのことは、人間に幸福をもたらしたのでしょうか。

中世のように、武士は武士、農民は農民と、階級が定められ、誰もが高望みをせずに、地域社会と融合しながら、親と同じように生きていた時代の方が、精神的には豊かだったのかもしれません。

その頃の人々には、地域社会や家族との絆《きずな》といったものがあって、誰もが安心して生きていられたのではないかと思われます。

わたしたちの世代の多くは、故郷を捨て、親からも離れて、見知らぬ土地で生きていくしかなかったのです。

青春時代というのは、地域社会の中で生まれ育った若者が、その地域社会から離脱して、見知らぬ土地に出ていく決意を迫られた時期でもあります。

確かに高度経済成長は持続していました。右肩上がりの発展がどこまでも続きそうだという楽観的な見通しによって、若者たちはそれぞれ夢を抱いて、都会に出てきたのではないかと思います。

しかし、夢はそのままに実現するとは限りません。

夢をもつことには、不安がともないます。夢を求めようとして、親子の断絶が生じるといったことも少なくありません。夢が実現しなければ、そこには挫折という、苦しい体験が待ち受けています。

わたしたちはそのような時代を生きてきました。

誰にも夢があると同時に、不安や挫折の経験があるのではないかと思います。

それはもしかしたら、あまりにもつらくて、他人には語ることのできない体験だったかもしれません。

でも、その時代から何十年も経過したのですから、いまなら、語れるかもしれません。

当時を振り返って、正直にありのままのことを書いてみる。

懐かしい故郷の思い出から始まったわたしたちの《超自分史》は、次の段階に入ることになります。

あなたの夢を語ってください

あなたは中学生の頃、どんな夢をもっていましたか。

まあ、中学生くらいでしたら、夢といっても、具体的なものではなかったかもしれません。

プロ野球の選手になりたいとか、歌手になりたいとか、文字通りの夢のようなものだったのかもしれません。

金のタマゴなどと呼ばれて、中卒で集団就職をした人たちにも、それなりの未来に対する期待はあったことでしょうし、高校に進学すると決めた場合にも、大学入試を目指して普通高校に入るか、就職を考えて工業高校や商業高校に入るなど、何らかの選択を迫られることになったはずです。

当時はまだ、高度経済成長が始まったばかりですから、日本の地方都市や農村部には、貧困が広がっていました。

その貧しさから、一歩でも抜け出したいという思いが、誰にもあったはずです。親が中流の暮らしをしていたという人も、有名大学に入らないと貧乏になるという恐怖感があったのではないかと思います。

誰もが真剣に、自分の将来のことを考えた。

そんな時代だったのではないかと思うのですが、皆さんの場合はいかがだったでしょうか。子どもの頃に戦争を体験した世代なら、飢えというものも実感として身にしみていることでしょう。わたしは戦後生まれですが、それでも瓦礫は到るところに残っていましたし、飢えに苦しむ人たちが存在することは、肌で感じていました。

だからこそ、多くの子どもたちは、豊かさにあこがれていたのだと思います。

地方に住んでいる子どもたちには、都会へのあこがれがあったのではないでしょうか。まだ新幹線などない時代ですから、東北の人が東京に行くというのは、大旅行と感じられたはずです。同じように九州の人は、大阪に出て、豊かさを求めたということがあったことでしょう。

都会に出て、お金持ちになりたい。

この単純な希望こそ、子どもらしい夢といってもいいのです。

しかし夢というものは、実現しないこともあります。夢が破れれば挫折ということになりますし、そこに到るまでの道程には、不安というもの生じます。

青春というのは、幸福でいっぱいというわけではありません。不安と挫折に満ちたイバラの道。それが青春だといってもいいでしょう。

青春時代というのは、子どもが大人になるために避けて通ることのできない、関門のような場所ですが、同時に、親と距離をとるようになり、独立した人格をもって生き始める時期でもあります。

中卒で就職したといった人は、経済的にも独立せざるをえないわけですが、大学でアルバイトをしているといった段階では、精神的には親ばなれしようとしていても、経済的にはまだスネかじりの状態です。

まして高校生くらいですと、親への反発が強くなって、非行に走ったりしがちですが、精神的にも経済的にも、親の庇護が必要です。

気持は親から離れているのに、親に守られている。

そういう中途半端な状態の中で、気持が揺れ動く。

それが青春時代です。

そこには悩みや苦しみがともなうこともありますが、逆に、親のスネをかじって遊んでいられる楽しい時期だと割り切って考えることもできます。

ベンチャーズとかビートルズの影響で、エレキギターを手にした人もいるでしょうし、アメリカの反戦フォークにあこがれて、生ギターで反戦歌を歌っていた人もいるでしょう。カラオケなどなかった時代ですから、たいていの若者はギターをもって歌っていました。中には、自分で作詞作曲をして、プロを目指していた人もいるでしょう。

アングラ演劇とか、テント小屋での芝居など、新しい芸術運動も盛んになっていました。演劇をやったり、ダンスを練習したり、路上パフォーマンスみたいなものに興味をもった人もいるでしょう。

戦後の時代というのは、少しずつ豊かになっていき、芸能や芸術の分野が広がり、多様化していった時代です。プロとアマチュアとを隔てるハードルがそれほど高くないと感じられ、多くの若者が、自分も何かのプロになれるのではと、夢をもった時代でもありました。

もちろん、芸術などには何の興味もなかったという人も、中にはいるでしょう。

それでも、これから自分はどんなふうに生きていくのかと、将来のことを時には考えたはずです。

思い出してください。中学、高校、大学など、それぞれの過程で、自分の将来に、どのようなビジョンをもっていたのか。

《超自分史》を書くために青春時代を振り返っているあなたは、もう人生の後半にさしかかっているはずです。

青春時代に自分が思い描いた夢を語る場合、その夢が実現したかどうか、その答えをすでに知っているわけですね。

結果がわかっているのですから、当然のことですが、そのことは文章に反映されることになります。

青春時代の夢がそのまま実現したという人は、それほど多くはないでしょう。

たいていの人が、挫折を体験しているはずですし、夢はもっていても、実現することはないと、最初から割り切っていた人もいるでしょう。

その最初の挫折があとまで尾をひいて、自分の人生は悲惨なものだった、というような人は、《自分史》を書こうという気にならないでしょうから、おそらく多くの人が、青春時代の夢は実現しなかったものの、その後の軌道修正によって、それなりに充実した人生を送ることができたとお考えなのではないかと思います。

いまから振り返ってみれば、青春時代の自分は甘い夢を見ていたな、と軽く苦笑するような感じで、青春時代の不安や挫折を描くことができれば、読者も安心できるような、安定した文章になることでしょう。

ここで気をつけなければならないのは、過剰にセンタメンタルになって悔恨の気持を強調したり、逆に自分は何の迷いもなく一直線に生きてきたのだと、ふんぞりかえって《偉人伝》のような語り口になってしまうことです。

悔恨の気持が強すぎると、それは《自分史》ではなく、果てのない愚痴を語るような感じになってしまいますし、自慢話がどこまでも続くようだと、読者はうんざりしてしまいます。

人生は山あり谷ありですから、不安や挫折があってもいいのですし、過去の過ちを隠して、言い訳をするような文章になってしまってもつまらないので、なるべくありのままに事実を記述しながら、淡々と書く、というスタンスで臨めばいいのではないでしょうか。

新しい土地で生きる

人生にはいくつかの転機がありますが、引っ越しというのは、重大な転機となることがあります。

同じ都府県内の転居はともかく、生まれ育った故郷を出て、見知らぬ土地で初めて一人暮らしを始めるというのは、ただの引っ越しではなく、親の庇護から離れて独立するということを意味します。経済的にはまだ親から仕送りを受けているにしても、親の監視の目を離れて下宿やアパートで暮らすというのは、子どもから大人への重大なステップだと感じられたはずです。

わたしは大阪で生まれ育ちました。大学に入るために上京し、それから現在まで、何度か引っ越しはしましたが、ずっと東京都内で暮らしています。つまり、住む場所という点では、十八歳くらいの時に、最大の転機があったことになります。

大阪はそれなりの大都会でしたから、東京で暮らすようになると、街の中心に皇居があり、新宿御苑や明治神宮などもあって、自分の故郷よりも緑が多いなという印象をもちました。坂が多いというのも驚きだったですね。

それから四十数年、東京で暮らしているのですから、もうすっかりこの土地に慣れてしまっています。しかし自分の人生を振り返るということになれば、東京に来たばかりの頃に見たものというのは、自分にとって重要な思い出だという気がします。

生まれ故郷の思い出も大切なのですが、近代の人間は移動しながら自分の人生を築いていくものですから、故郷を離れて最初に目にした街の風景といったものも、《超自分史》を書く上で重要なものになってくるでしょう。

新しい街での暮らしには、慣れないことからくる不便と同時に、どんな街なのだろうという期待感もあったはずです。

とくに東京という大都市は、政治の中心地であり、文化の発信地でもあるので、いろいろと楽しいことがあったはずです。

わたしの経験でいえば、地下鉄に乗るのが楽しかったですね。新宿、渋谷、池袋などの繁華街はもとより、霞ヶ関とか、六本木とか、秋葉原とか、地名のみをすでに記憶している街に実際に出向いて、道を歩いているだけでも、わくわくするような気分になりました。八丁堀などという駅名にもしびれましたね。

故郷にいれば、家族がいて、親戚がいて、地域社会があって、小学校や中学校の友人もいます。そういう人間関係の輪から、すっぽりと切り離されて、一人きりでいるというのは、不安で寂しい気がする反面、一切のしがらみを断ちきって、自由になれたという解放感もあります。

わたしの場合は、大学に入るために上京しましたので、大学の授業が始まれば、そこで新たな友人たちとの出会いがありました。これもまた楽しいものです。

早稲田というマンモス大学でしたので、人間関係は希薄になりがちですが、それでも一年生の時のクラスの十数名は、いまでも毎年、宴会を開いています。

当時は学生運動が盛んでした。大学での人間関係も、学生運動が中心となりました。これは《自分史》の重要なテーマの一つですので、改めて語ることにして、当時のわたしが見た風景のことも書いておきましょう。

当時はまだ、都電が走っていました。高田馬場から早稲田の方にも都電が走っていましたが、最も強く印象に残っているのは、新宿の大ガードの前から出発する路線です。角筈という停留所の先から急に左折して道路からはずれ、細い専用軌道の用地に入り込みます。その専用軌道をまたぐとゴールデン街という安酒場のゾーンがあったので、印象に残っているのでしょう。

わたしは高校生の時に、河出書房の『文芸』が募集していた《学生小説コンクール》という催しで作品が誌上に掲載され、編集部とコネができていました。学生時代は書き上げた作品を編集部に持参して、ほとんどがボツになるという体験を重ねたのですが、担当編集者はボツになった作品についても、的確なアドバイスをしてくれただけでなく、夜には文壇バーみたいなところで飲ませてくれました。

作品がボツになり続けたので、飲み屋の思い出は、わたしにとってはほろ苦いものなのですが、その時期に新宿ゴールデン街に出入りしていたということは、いまとなっては懐かしい思い出です。

わたしは中学生くらいの時から、将来は作家になりたいと思っていました。高校生でデビューできたことは、夢に向って順調な第一歩を踏み出せた気分でいたのですが、その後は苦難の連続でした。

そういう意味では、つらい青春時代だったと思っています。

子どもと大人の間の、通過ポイントには、夢と挫折が交錯する、つらい時期があるものです。

皆さんもおそらく、そういう体験をおもちなのではないかと思います。

それは皆さんの《超自分史》の、貴重な一ページになることでしょう。

学生運動のことなど

わたしは団塊の世代などと呼ばれる戦後生まれの世代ですが、その世代も含めて、わたしよりも年上の世代は、何らかのかたちで学生運動というものを体験しているはずです。

直接その渦中にいなくても、同世代の学生たちが街頭デモなどをしているのを、ニュースなどで見た憶えはあるでしょう。

日本は戦争に負けました。日本の主要都市は焼け野原になり、瓦礫が散乱していました。

そこから戦後の日本は出発したわけですが、奇妙な言い方ですが、戦争に負けてよかったと思われることもあります。

新憲法によって、民主主義の国になり、人権が尊重され、恒久平和がうたわれたこと、女性にも参政権が与えられたこと、言論の自由が保証されたことなど、数え上げればきりがないほどですが、経済の面でも、大きな変化がありました。

瞬間的にですが、貧富の差がなくなりました。それは戦勝国アメリカの指導によるものですが、財閥が解体され、不在地主の土地が農民に安価に払い下げられ、さらに預金凍結と急激なインフレで、金持階級の資産が一挙に縮小しました。

しかしよいことばかりではありません。戦前は非合法だった共産主義や社会主義などの思想も、言論の自由によって公に主張することができるようになりました。中には、戦後の混乱をついて、一挙に革命を起こそうとする勢力があり、工場や農村で思想を広めるとともに、武装蜂起してゲリラ活動を展開しようという動きが起こりました。

また労働組合が結成され、賃上げを要求するだけでなく、社会主義的な観点から、日本の経済や政治に対して、批判的な言論を展開する人たちもいました。

こうした潮流は、やがて学生運動に発展していきます。

最も大きな闘争となったのは、一九六〇年の六〇年安保闘争です。

日本と米国とが互いに国防に協力するという日米安保条約そのものは、その九年前の一九五一年に、サンフランシスコ平和条約とともに締結され、翌年に発効したものです。終戦後の六年間の日本は、米軍を中心とする進駐軍の統治下にありました。その進駐を解いて、日本が再び独立国として認められたのが講和条約なのですが、賠償金を免除される見返りとして要求されたのが安保条約でした。

この条約によって、米軍はさらに日本に駐留を続けることになります。日本が他国から侵略された場合には、米軍が日本を守ることになりますが、日本は米軍に対して基地を提供し、また米軍の活動に協力しなければならないというのが日米安保条約です。

これは戦後処理のために暫定的に結ばれたもので、九年後の一九六〇年に、改めて新たな日米安保条約が結ばれることになりました。

この条約によって、戦後の暫定的な米軍の駐留とは違って、米軍はほとんど永遠に日本に駐留し続けることになってしまいました。

これによって、日本の安全が保障されることになったわけですが、他国の軍隊が永遠に駐留するということは、日本がアメリカの属国になったような印象が生じます。

多くの文化人や労働組合は、この条約に反対し、大規模なデモがくりかえされたのですが、とくに一部の学生たちが国会前で激しいデモをして、警官隊と衝突し、死者が出ました。

その後、アメリカがベトナムで戦線を拡大するようになって、ベトナム反戦運動が起こりました。本国のアメリカでも大規模な反戦運動が起こりましたし、ヨーロッパではアフリカなどの植民地の独立運動が高まって、武力による支配を続けようとする国家に対して、学生たちが反乱を起こしました。

こうした世界的な学生運動の潮流に呼応して、日本でも全共闘運動という学生運動が爆発的に広がり、死者の出る闘争が長く続きました。

東大の入試が中止されることになった東大闘争を始め、大学ごとに闘争が起こって、多くの大学がバリケードによって封鎖される事態となりました。

しかし大学闘争は長くは続かず、一部の過激な学生たちは、よど号ハイジャック事件や、連合赤軍浅間山荘事件や、三菱重工本社爆破事件などのテロ活動に傾斜していきました。

いまの日本の若者たちは、政治にも社会問題にも無関心な人が多いようです。わたしたちは親の世代から、本物の戦争の話を聞かされてきましたが、いまや高齢者が、学生運動という、ミニチュアのような戦争の話をする時代になったのかもしれません。

それはけっして楽しい思い出ではないのですが、わたしたちの世代がそういう時代を生きてきたのですから、自分の人生の一つの思い出として、語り残しておく価値はあると思います。

社会問題との距離のとり方は、人によって違います。当時、実際にゲバ棒と呼ばれる角材や鉄パイプをもって闘っていた人もいれば、テレビのニュースで見ただけの人もいます。一種のお祭騒ぎだと思って、すぐにやめてしまった人もいれば、いまも労働運動や消費者運動に関わっている人もいます。

自分の仕事が忙しくて、社会問題について考えるゆとりのなかった人も、原発事故が起こったりすると、こればかりは許せないという気持になるでしょうし、いまの日本は、貧富の格差が急速に広がっているのではと感じられることがあります。社会問題というものがなくなったわけではないので、わたしはいまの若者たちにも社会に関心をもってほしいと思います。

昔の若者たちが社会に関心をもっていたのは、日本には敗戦という歴史があり、その後の資本主義国と社会主義国の緊張関係の中で、経済発展を遂げていったという、歴史的な背景があるように思います。

ただ経済成長するだけでなく、どのように成長して、どのようによりよき国や社会を築いていくかということに、当時の若者たちは関心をもたざるをえなかったのです。

そういった社会の歴史や、時代背景というものは、個人にも何らかの影響を与えます。理屈っぽく議論するのではなく、記憶をたどって、若者だったあなた自身が感じたことを、そのまま書いていけば、それは《自分史》であるとともに、社会や時代についの貴重な証言になるはずなのです。

神田川の思い出

社会問題から、急に話題が変わるようですが、《自分史》にとって欠かすことができなのは、恋愛の思い出です。

『神田川』という歌が流行しましたね。

神田川沿いにある三畳一間の下宿に住んでいる若い男女が、近くの銭湯に行く、というような内容の歌詞です。これが大ヒットしたのは、同じような状況で暮らしている若者が多かったからでしょう。

まず三畳一間というのが泣かせますね。風呂はついていません。トイレも炊事場も共同の、木造アパートでしょう。これは当時としても、最低レベルの住環境だったのではないかと思います。

もう少しましになると、四畳半に押し入れ。入口の半畳くらいのところに、流しとガス台があるというものでした。それでも風呂はなく、トイレも共同です。

若い男女が共同生活をする。よくあることです。

最近の若者たちは、長くいっしょに生活しているのに、なかなか結婚に踏み切れないということも多いようです。結婚する前に、テストケースみたいな感じで、いっしょに暮らすというのが、当たり前みたいになっています。

一昔前の男女の生活は、もう少し厳しいものでした。

結婚式と入籍と同居生活というのが、同時でなければならないというのが常識でした。結婚前の娘が、男と同居するなど、とんでもないことで、一泊するだけでも、良家の娘のすることではないといった道徳観がありました。

これはたぶん、儒教の道徳から来ているのでしょう。

民主主義の時代になっても、親たちは戦前の古い道徳観に縛られていたので、子どもたちの世代とは、考え方がまったく違っていたのです。

神田川沿いのアパートで共同生活を送っている若い男女も、親を裏切り、家出同然で生活しているものと思われます。

だからこそこの歌は、青春の謳歌ではなく、寂しさや哀しみをはらんだ響きがあるのでしょう。

若い男女がいっしょに暮らしている。それは幸福そうな光景ではあるのですが、当時の道徳感からすれば、結婚もせずに同棲していたりすると、故郷の両親のもとには帰れないということを意味していたのです。

でもたぶん、『神田川』の二人は、やがて別れることになったのでしょうね。歌の雰囲気から、そんな気配が伝わってきます。

さて、皆さんの青春時代はどうだったでしょうか。

好きな人と同棲していて、結局、別れてしまったとか、そんな体験があるのでしょうか。

現在の伴侶と、青春時代に出会ったということなら、堂々と語ることができるのですが、別れた人のことを語るのは、現在の配偶者やお子さんのことを考えると、抵抗があるかもしれません。

私小説の作家なら、そうした過去は、人生の勲章みたいなものですから、自慢話のように書くことでしょうが、謙虚な一般人が《自分史》を書く場合には、抹殺してしまいたい青春の過ちとして、忘れたふりをしていたいところでしょう。

それに、昔のことだといっても、その相手の方がご存命なら、他人のプライバシーをあばくことになるのかもしれません。ある程度の用心は必要です。

それでも、せっかく《自分史》を書くのですから、都合の悪いことを隠蔽してしまうのは、いかがなものかと思われます。

このあたりは具体的に書くのではなく、人生にはいろいろなことがあるといった語り口で、それとなく気配だけを漂わせて、さらりと先に進むといった書きぶりにするのもいいでしょう。

でも、ちょっと待ってください。《超自分史》というのは、なるべく正確に、細部にわたって正直に記述するというのが、基本的な鉄則だといってもいいのです。さらりと先に進むというのは、少し安易な態度だと言わねばなりません。

思いきって、すべてをさらけ出してもいいのではありませんか。どうせ《自分史》などというものは、知人やご近所に配る程度のものですから、別れた人がそれを読むということはないでしょうし、お子さんたちにとっても、自分の親の青春時代にロマンスがあったということは、微笑ましいことだし、親というものを見直すきっかけになるかもしれません。

もちろん、青春時代に何もなかったという人もいることでしょう。異性などと口をきく機会もなく、寂しい青春をすごして、三十歳をすぎてから見合いで結婚した、などという人も少なくないでしょう。《自分史》を書こうかという年齢に達しても、いまだに、お一人さま、という状態の人もいるかもしれません。

とはいえ、どんな人にも、青春時代はあったはずです。言葉は交わしていないけれど、遠くからあこがれていた、タバコ屋の看板娘、みたいなものはなかったのでしょうか。

タレントや歌手でもいいのです。気にかかる異性がいたとしたら、そんなことを思い出して書き記してみるのもいいのではないでしょうか。

第三章

社会という門をくぐる時

髪を切ってひげをそる

学生時代、わたしは長髪で、ひげをのばしていました。

その当時はヒッピーのファッションが流行していましたし、解散直前のビートルズのメンバーは長髪にひげという格好でした。わたしは流行に乗ったというのではなく、散髪やひげ剃りがめんどうだっただけのことです。

自由に生きるというのは、何ものにもとらわれないことです。世間の基準を無視して、きたない格好、みすぼらしい風体をしていても、平気だと思っていました。

でも、社会と関わるとなると、自由などというものは許されません。

わたしは学生の頃に結婚しておりましたので、妻に髪の毛を切ってもらいました。ひげは自分で剃りましたけれども。

就職活動みたいなものはしませんでした。わたしは作家になるつもりで、原稿を書いては編集部にもっていくということを続けていました。雑誌に作品が掲載されたこともあります。しかし、定期的に注文が来るような作家ではないので、仕事を見つけて生活をする必要がありました。

それで新聞の求人欄を見ていましたら、玩具業界誌の編集者というのが出ていましたので、履歴書をもって面接に出向きました。一人の採用に、三十人くらいの応募者があったでしょうか。新卒の採用ではなく、中途採用の募集でしたので、三十歳をすぎたような人も何人かいました。

簡単な筆記試験のあと、面接があり、その日のうちに採用が決まりました。それで毎日、電車に乗って通勤するという生活を始めたわけです。

大学生なら、必要な講義に出るだけですし、長い夏休みがあったりします。サラリーマンとなると、毎日、フルタイムで出勤しなければならず、残業もあります。当時は、土曜も出勤だったですね。

わたしはその業界誌に一年ほど勤めてから、ある自動車メーカーの機関誌を発行している広告プロダクションに転職し、そこに三年ほどいました。平社員で一年、編集長で一年、属託で一年勤めましたが、その間に、アルバイトで週刊誌のアンカーなどもやり、フリーのライターになる道を模索していました。

それは、いずれの日にかプロの作家になりたいという期待があったからです。それは夢ではなく、具体的な人生設計のようなものだと自分では思っていました。

息子が二人生まれていましたから、ある程度の収入は確保しなければならず、綱渡りのような感じの生活でしたが、勤めを辞めた直後に芥川賞を貰えましたので、何とかプロの作家として生活できるようになりました。

ただし、作家というものは注文があれば生活していけますが、注文がなければただのフリーターです。

わたしの場合、自分が書きたいと思うものと、これは売れそうだと編集者が企画するものとの間に、たえず大きなギャップがあって、書きたいものばかり書いていると収入が減っていくという事態になるのですが、大学の先生などもしていましたので、二人の息子を社会に出すまで育て上げることができました。

そんなふうに、わたしの就職というのは、一生この会社で働こうといったことではなく、次の段階に進むためのステップだと思っていましたので、勤め先を選ぶのに、真剣に考え抜くというほどのことはありませんでした。

当時はまだ終身雇用や年功序列が揺るぎなく確立されていた時代でしたから、多くの大学生は、真剣に就職について考え抜いたことと思います。

わたしの大学時代の友人たちは、文学部ですから、出版社や広告会社に就職した人が多いのですが、中には商社マンになったり、まったく分野の違う業種に就職した人もいます。法学部に聴講に行って弁護士になった人もいます。

就職するというのは、その仕事が順調に行けば、一生の仕事になるわけですから、重要です。仕事を通じて、新たな仲間との出会いもありますし、仕事に生きがいをもつ人も多いわけですから、どんなふうに職業を選ぶかということで、人の一生が決まってしまうこともあるのです。

皆さんの場合はいかがだったでしょうか。

履歴書のような簡単な《自分史》では、何年何月にどこそこの企業に就職、という、一行だけで済まされてしまうこともあるのでしょうが、それで人の一生が決まってしまうのであれば、とても一行では片づけられないはずです。

人生の岐路に立った選択

わたしは以前、堺屋太一さんの伝記を書いたことがあります（『堺屋太一の青春と70年万博』出版文化社)。

《団塊の世代》という名称の名づけ親でもある堺屋さんは、よく知られているように、通商産業省(現在の経済産業省)の官僚でした。まだ入省したばかりで工業用水課に配属されていた時、地下水の汲み上げ規制をして大阪の地盤沈下を防ぐことに貢献されたのですが、そのおり、商業の街として栄えた生まれ故郷の大阪が、経済的にも地盤沈下していることに心を痛めることになりました。そこから堺屋さんは、大阪で万国博覧会を開くというプランを思いつき、実際に七〇年万博を実現させてしまいます。一介の下っ端役人にすぎない若者が、途方もない夢を実現した物語は、すでに伝説として語られていました。

わたしが取材をさせていただいて面白いと思ったのは、小説を書き始めたきっかけです。万博の準備が整ったところで、堺屋さんは鉱山石炭局という部署に配属されます。のちには資源エネルギー庁として脚光を浴びることになる分野ですが、当時は地味な場所でした。堺屋さんはエネルギー問題に興味をもち、万博で協力してもらったコンピュータ関連のスタッフに依頼して、私費で石油の輸入が停止した時の状況を、コンピュータでシミュレーションして、『油断』という一種のパニック小説を書くことになります。

この作品がまだ出版の準備段階に入っていた時に、実際に中東戦争の影響で石油ショックと呼ばれる事態が起こり、あらゆる物資が不足して大変な混乱が起こりました。現役の官僚が匿名で書いたこの小説はベストセラーとなり、出版社から次の作品を依頼された堺屋さんは、まだ大阪万博の準備をしていた時のことを思い出します。

数年後の開催を控えて、入場者を確保するために高校生の修学旅行を受け容れるため、どの程度の宿舎を用意すればいいかと、文部省の担当者に高校生の人数を確認すると、予想外の人数に驚くことになりました。

それでは宿舎が不足すると心配した堺屋さんに、担当者は大丈夫だと言います。いまの高校生の人数は異常なのであって、万博が開催される頃には、急速に人数が減るのだというのです。まさにその時の高校生が、《団塊の世代》だったのです。

そのことに強い印象をもっていた堺屋さんは、このカタマリの世代が中高年に達した時にどんな社会現象が起こるかを、再びシミュレーションによって予想します。そのようにして書かれたのが『団塊の世代』という作品で、この本もベストセラーになりました。そしてこの《団塊の世代》というのは、単なる流行語にとどまらず、誰もが知っている当たり前の言葉として、現在も用いられているのです。

ベストセラー作家となった堺屋さんは、やがて通商産業省を退職し、専業の作家となって、歴史小説の分野に進出し、忠臣蔵をテーマにした『峠の群像』、太閤記をテーマにした『秀吉』と、二度もＮＨＫ大河ドラマになるなど、作家として頂点に上りつめるのですが、さらに経済企画庁長官をつとめるなど、政治家としても力量を発揮することになります。

これだけ多彩な才能の持ち主であった堺屋さんは、なぜ社会に出る出発点として、通商産業省の役人という道を選んだのでしょうか。

実は、大学の卒業を控えて、堺屋さんは内定を三つとっていました。ひとつは通商産業省ですが、あとの二つは民間の企業（銀行と私鉄）でした。堺屋さんが省庁を選んだのは、民間企業だと終身雇用制で、一生、その企業の中で生きるしかないのに対し、省庁だと、いずれはそこから出なければならないからです。

省庁の場合、最高の役職は事務次官ですが、同期でその最高位に昇ることができるのは、一人あるかないかです。その途上で、エリート官僚は次々に、別の分野に進出していくことになります。外郭団体や民間企業に天下りしていくこともあるのですが、大学教授になったり、評論家になったり、政治家になったり、とにかく一つの役所で一生を終えることはできないシステムになっているのです。

終身雇用といった安定した場所ではなく、未知の可能性が広がっている、不安もあれば期待もあるという場所を選んだところが、いかにも堺屋さんらしいと思われました。

社会に出ていく出発点では、誰もが自分の進路を選ばなければなりません。堺屋さんのような才能と意欲をもった人は、めったにいないのかもしれませんが、それでも人それぞれに、不安や迷いを感じながら、自分の進路を決めることになるのでしょう。

履歴書に書き込むだけなら、一行で済んでしまう記述の背後に、不安や、迷いや、さまざまな思いが秘められているはずです。

あなたの場合、最初のお仕事はどんなものだったのでしょうか。

中卒で集団就職した、といった場合は、選択の余地もなく、紹介された会社に就職したということなのでしょうが、都会で働き始めてから、自分で考えて転職したという場合もあるはずで、仕事を選ぶという状況の中で、いろいろと考えたことがあるのではないかと思います。

それから何十年もの年月が経過しているので、あるいは記憶がぼやけているということがあるのかもしれません。

そんな昔に自分が何を考えていたか、とても思い出せないという気がするかもしれませんが、幼児の頃の記憶を思い出した時と同じように、就職や転職の前に自分が住んでいたところを思い出して、その当時の自分の心の内を探ってください。

その当時の心の揺れのようなものをうまく書き留めることができれば、あなたの《超自分史》はリアリティーが増すとともに、読んでいても楽しいスリリングなものになるはずです。

出発点からの第一歩

どんなに鈍感で図々しい人でも、若い頃というのは、何かにつけて緊張しやすかったのではないかと思われます。

とくにまったく新しい場所に出向き、新しい人間関係の中で仕事をしなければならないということになると、かなりの緊張状態だったはずです。

年をとると、過去のことは忘れがちです。

いまは堂々とした人生のベテランとなっているあなたも、新入社員の頃は、初々しかったはずです。その頃のことを思い出してみてください。

まず初めて出向いた職場のことを思い出してみましょう。事務所とか、店とか、営業拠点とか、何かそういうものがあったはずです。そこにはあなたの上司にあたる人と、先輩社員がいたことでしょう。大きな会社なら、同期の仲間もいたのではないかと思われます。

その職場のようすを思い起こしてください。

わたしの場合は、小さな業界誌の事務所でしたが、自分の机というものを割り当てられて、感動したことを憶えています。

小学生や中学生の頃は、教室の席の配置も決まっていましたから、自分の机というものがありました。高校になると、教室を移動することも多く、自分の席というものが、あるのかないのか、よくわからない状態でした。大学になると、自分の席というものはまったくなくなりました。ですから、自分の席が与えられたことに、新鮮な驚きを感じました。

わたしに与えられた机と椅子は、わたしの専用ですから、机の引出の中には、自分用の文房具を入れることができます。椅子には自分の座布団を置くこともできます。

わたしは中学や高校で、新聞部とか文芸部などのクラブ活動をやっていましたから、編集の手順や印刷屋との交渉、校正刷りに赤ペンで記入する校正記号などは知っていました。しかし、実際に編集にたずさわり、それで給料をもらうということになると、どれほどの仕事ができるのか、不安もありました。

最初に仕事をすることになった玩具業界誌の編集部は浅草橋にありましたが、そのあたりは玩具の問屋街です。主要な取材先も歩いていける範囲内にありましたので、上司の人とともに挨拶回りをしました。

それから、地方の販売店に取材に行くこともありましたが、最初の時は先輩の編集者にカメラマンとしてくっついて行きました。それで挨拶の仕方とか、質問の仕方などを実地に学ぶことになりました。カメラの使い方も、直前になって別の先輩に教えてもらいました。そんなふうに、上司の人や先輩のご指導のおかげで、すぐに仕事に慣れることができました。

いまから思うと、先輩たちに感謝せずにはいられませんが、お金をもらって働いている人の、実際の働きぶりを見ていると、この程度のことでお金がもらえるのかと、少し安心した気分にもなりました。

その業界誌は一年ほどで辞めて、次に移った広告プロダクションの仕事は、大変にハードで、寝る時間もないような労働が続きました。その頃の自分が何を考えていたのか、いまとなってはよく思い出せないのですが、その会社を辞めようと決意した日のことは、はっきりと憶えています。

当時のわたしは、ある自動車メーカーの販売店向け機関誌の編集長をしていました。部下が二人ほどいましたが、クライアントである自動車メーカーの営業部との打ち合わせや、印刷所との交渉、協力していただくライターやカメラマンへの指示など、すべての業務がわたしに集中していました。

クライアントとの打ち合わせを終えて、会社に戻る時に、地下鉄の中でわたしは切符をなくしていることに気づきました。わたしは几帳面な性格で、それまで切符をなくすなどということはありえないと思っていたのです。どこで切符をなくしたのか記憶もしていないほど、わたしは疲れきっていたのだと思います。その日の夜、わたしは、会社を辞めようと決意しました。

電車の切符をなくすなどというのは、些細なことなのですが、わたしにとっては貴重な思い出です。こういう、ちょっとしたきっかけで、会社を辞めてしまうといったことが、人生には時に生じるのです。

それから一年後くらいには、わたしは小説を発表して、その作品がベストセラーになり、プロの小説家になっていました。

あの時、切符をなくさなかったら、わたしの運命は変わっていたかもしれないのです。

そんなふうな、ささやかだけれども、重要な分岐点となるような思い出、そういうものがあると、《超自分史》は充実したものになっていきます。

就職や転職というものは、迷い始めると、果てもなく迷い続けることになります。でも、いつまでも迷っているわけにはいきなせん。人生の分岐点に立てば、どちらかの方向に向かって、一歩を踏み出さなければならないのです。

その決断のきっかけとなったものは、何だったのでしょうか。

意外と、ちょっとしたきっかけで、踏ん切りがつくということがあるのかもしれません。皆さんの記憶の底にも、そういった、ささやかだけれども重要なポイントが、埋もれているではないでしょうか。

手に職をもつということ

世の中にはさまざまな職業があります。

どんな職業でも、それぞれに、習得した技術というものがあって、見ていて驚かされます。中華料理屋の厨房で中華鍋でチャーハンをあおっている料理人とか、歯の治療をしてくれる歯医者さんとか、壊れた電気器具を修理してくれる出張サービスの人とか、どれもすごい技術だなと思います。老舗旅館のおかみさんの応対なども、見事なものだと思います。

人間国宝に認定されるような伝統工芸の技術者の名人芸というほどではなくても、仕事をしていれば何らかのノウハウは身につくわけで、そのことはわたしたちの人生に、豊かな経験をもたらしてくれるはずです。

あなたが体験した最初の仕事は何だったでしょうか。その最初の一日はどんな感じだったですか。最初は見習いだということで、簡単な仕事をやったのでしょうか。研修期間みたいなものがあって、基礎から仕事を学んだのでしょうか。それともいきなり現場に出て、ハードな仕事をさせられたのでしょうか。

わたしは通常の就職活動で就職したわけではないので、新卒で企業に配属されるといった体験がありません。中途採用者の試験で入り、いきなり仕事をすることになりました。仕事をしながら、仕事を覚えていくといった感じでした。

わたしには息子が二人います。長男はピアノを勉強していて、いまはスペインにいます。学生の頃からアルバイトでピアノを教えていました。スペインに行っても、ピアノ教室のようなところでアルバイトをしていて、やがて高等音楽院の一年契約の教授になり、それから公務員試験に合格して、正式の先生になりました。これは、学生からプロに到る段階が、なだらかな感じですね。

次男は理科系で、日本のふつうの企業に就職しました。最初はホテルに缶詰になって研修があり、それからいきなり工場で実地訓練をしたあと、それぞれの部署に配属されるという、新入社員の訓練のマニュアルに沿って教育された感じですね。

大企業では昔から、こういう研修をやっていたのではないかと思います。それに対して、中小企業に入ると、いきなり仕事をさせられて、仕事をしながら仕事を覚えるということになったのではないかと思います。

もっとも、料理人になろうと思ってレストランに就職しても、最初の数年は皿洗いとか、ジャガイモの皮むきとか、下働きだけだというようなことがあるのかもしれません。最近はそういう下積みの苦労を避けて、料理の専門学校で学習して、いきなり現場に立とうとする若者が多いようですが、昔はそんな学校もなかったので、ずいぶん長い下積みの期間があったのではないかと思います。

人生というものは人それぞれです。最初の仕事について、克明に記録すれば、それはあなただけの体験記となるでしょう。

たとえば、一流ホテルのシェフになったような人が、下積み時代を振り返って、最初の三年間はジャガイモの皮むきばかりだったと語るような場合は、功成り名を遂げたという人生の結果があるわけですね。そういう人が語る若い頃の苦労話は、どこか自慢話めいた感じになってしまいます。

そういう人の自伝や、偉人伝の類は、どんな苦労話も、自慢話になってしまうのですね。

しかし、わたしたちが書こうとしている《超自分史》は、偉人伝ではありません。

ジャガイモの皮をむいているうちに、一生が終わったというような人が、謙虚に人生を振り返るのが、《超自分史》です。

だから、自慢話をする必要はないのです。

ずっと下積みを続けるうちに、一流のシェフになれなくても、小さな自分の店を開いて、それなりに充実した人生を送った、といった話の方が、《超自分史》の素材としては、輝いて見えるはずです。

そんなささやかな成功もなく、どんな仕事をやっても、うまくいかなかったという人もいるでしょう。

それもまた人生です。

ここで重要なのは、功成り名を遂げるといった、世間の指標にとらわれないことです。成功したか、しなかったか。もっと露骨にいえば、お金が儲かったか、あるいは有名になったか、といった価値基準にとらわれてしまうと、よくある偉人伝のような、型にはまったつまらないものになってしまいます。

そんな指標は、無視してしまいましょう。

自分は生きてきた。それだけで充分です。どんな人生にも、生きる価値はあるのですし、人に語るべき生活の細部があるはずです。

初めてジャガイモの皮をむいた時の、ささやかな驚き。それを書けばいいのです。

あなたが働き始めた頃の、そのお仕事の細部を思い出してください。

本当につまらない仕事だった。単調で、面白くもなかった。そんな仕事の方が、いま振り返ってみれば、輝きをもって受け止められるのではないかと思います。

こんなつならない話は、誰も聞いてくれないのではないかと、先入観をもって決めつけないでください。つまらない話の方が、面白いのです。

一番つまらない話は、功成り名を遂げた人の、自慢話なのです。

人生の細部に宿る輝き

またわたし自身の話になりますが、わたしが初めて働いた職場では、カラスグチというものの使い方を学びました。

その職場は業界誌の編集部です。ふつう編集者は、書き手に原稿執筆を依頼し、原稿を受け取って、割付などをして印刷所に入稿するというのが仕事です。業界誌の場合は、自分で取材をして原稿を書くことも多いのですが、とにかく原稿を印刷所に渡すだけで作業が終わるはずです。

しかしその職場では、経費節減と時間の短縮のために、業者に頼まずに、編集者自身が「版下」と呼ばれるものを作っていました。当時はまだ活版印刷が主流でしたから、本文は活字を組んでいたのですが、見出しの部分は写真植字の文字に地紋やアミをかけ、時には写真なども組み合わせて、凸版の画像を作成します。その元となるのが版下です。

青い方眼紙の上に墨で線を引き、そこに注文した写真植字をハサミで切って貼り付けていきます。その線を引くために用いるのがカラスグチです。

文字通り、カラスのくちばしのような構造になった一種のペンで、描く線の太さをネジで調整できるようになっています。これがけっこうたいへんで、インクをつけすぎると、ぼたっと液がたれて、途中まで作ったデザインが台無しになってしまいます。わたしは手先が不器用なので、これには苦労しましたが、何とか使えるようになりました。

ところが、あとで同僚の仕事ぶりを見ていると、セロファンテープのような形状の黒いテープで、自在に線を引いているのです。大きな文房具店に行くと、太さ別にさまざまなテープが売られているということを知りました。

ということで、わたしがカラスグチを用いて仕事をしていたのは、ごく短期間なのですが、それでもこの奇妙な道具を手にして作業をしていたということは、わたしの人生の貴重な一こまだと思います。

作業をする道具といえば、初めてワープロというものを使った時のことも忘れられません。すでにわたしはプロの作家として仕事をしていましたが、映画の中に出てくる欧米の作家が、タイプライターで仕事をしているのを見て、うらやましく思っていました。まだ作家になる前、嘱託で編集の仕事をしていた時に、平仮名タイプライターというものを購入して、使ってみたことはあります。

平仮名しか打てないので、原稿を書く役には立たないのですが、テープ起こしなどに使うと便利でした。もちろん、あとで手書きで清書する必要があります。その時に、平仮名タイプのキー配置を習得しましたので、いまでも平仮名キーボードで原稿を打っています。

最初に買ったワープロはパソコンではありません。ワープロ専用機と呼ばれるもので、本体とモニターとキーボード、さらにプリンターまでが一体となったものです。値段はケースも含めると七〇万円くらいしました。モニターはモノクロの液晶で、わずか2行が表示されるだけです。作動の速度も遅く、漢字はＪＩＳの1種しか使えません。スーツケースくらいの大きさがありますので、持ち運ぶことはできません。

いまから思うと、まったく不便な道具でしたが、それでもこのワープロのおかげで、仕事がはかどりました。ワープロで仕事をするようになってから、やっと本物の作家になったという気がしたくらいです。

道具というものは、仕事と深く関わっています。わたしたちの人生そのものにとっても、道具を使って仕事をしたという体験は、貴重な記憶なのです。

年輩の方なら、テープレコーダーを初めて使った時のことを憶えておられると思います。電卓というものが登場した時も、驚きだったですね。パソコンでワードやエクセルを使った時のことも、忘れられません。初めてインターネットに接続した時とか、電話線だったのが光ファイバーになった時など、それぞれに強い印象が残っています。

それぞれの仕事に応じて、必要な道具は違います。道具の進化に驚くと同時に、昔からの道具に愛着をおもちの方もいらっしゃるでしょう。

道具のことを書くだけで、本一冊ぶんくらい書いてしまえるという人もいるのではないかと思います。

もう一つ、職場に関して重要なのは、立地です。

毎日、通勤するわけですし、営業などで外に出歩く仕事の人は、そこから仕事に出ていくことになります。当然のことですが、職場の周囲の風景は、身にしみつくほどに親しいものになったはずです。

わたしが最初に勤めたのは浅草橋で、その近くの玩具問屋街は、いまでも体がふるえるほどの親しみを覚えています。そこにいたのはわずか一年だけなのですが、いまでそのあたりの情景は、鮮やかによみがえってきます。ちょっと足を伸ばせば浅草がありますし、電車に乗って京成線の沿線に出向くこともありました。そのあたりに玩具の大手メーカーや、下請け工場がたくさんあって、取材に行く必要があったからです。

一年で転職して小さな広告プロダクションに入りましたが、その職場は水道橋で、少し歩けば神田の古書店街がありました。仕事で出向くのは原宿の方で、おしゃれな店が並んでいるようなところを、仕事をかかえて汗を流しながら歩いていました。

皆さんにも、そんな懐かしい街の思い出があるはずです。

《超自分史》という試みは、人生という長い年月の間、自分がどこにいたかをたどる作業です。自分の足どりを克明に記録する。

そのためには、土地に関する情報が必要です。ただ地名を表記するだけではなく、その場所を歩いていた時の、あなた自身の感覚を思い出してください。

確かにそこに、あなたが存在したのだという、なまなましい手応えのようなものが必要なのです。

第四章

人の親になるということ

新たな人生がそこから始まる

人生というものの中で、ピークとなるような山場といえるのは、どのような場面でしょうか。

次々に大きな仕事を成し遂げた人とか、出世の階段をどんどん昇りつめていった人にとっては、その最終のステップがピークだということになるのでしょう。

でも、そんなものは、偉人伝の大詰めに書けばいいことです。

ささやかな人生を歩む《超自分史》の書き手にとっては、世間の評価とか、出世などといったものは、人生の一端にすぎません。

一人の人間が、一生という、けっして短くはない年月を生きていく上で、山場となるポイントはいくつもあるでしょうが、その一つとして欠かせないのは、結婚と、子どもの誕生ではないでしょうか。

結婚もしていないし、子どももいない、という人は、この章をパスしてください。人によっては、結婚も、子どもも、足かせのようなものだと感じられることでしょう。

わたし自身、妻や子どものために、ずいぶんと労力を割いてきた気がしますし、それだけの労力を仕事だけに投入すれば、もっといい仕事ができていたかもしれないという気がすることがあります。

しかし、妻に支えられて生きてきたことは確かですし、子どもからも、励まされてきたように思います。家庭があるからこそ、がんばって仕事をして、生活を築いていかないといけないと思ったわけで、生きることの意欲を、家族が与えてくれたように思います。

皆さんにとっても、ご家族の存在があったからこそ、仕事にも励みが出たのではないかと思います。

とはいえ、日本のお父さんに多い傾向ですが、あまりにも仕事が忙しすぎて、ご家族との交流がおろそかになってしまうということがあったかもしれません。

いまから何十年も前のことになりますが、わたしは芥川賞というものをもらって、ようやくプロの作家としてスタートすることになりました。

村上龍という大スターがベストセラーを出した翌年だったので、わたしの作品にも注目が集まりました。確か直木賞は受賞者なしで、いっしょに芥川賞を受賞した版画家の池田満寿夫さんはアメリカ在住ということで、選考会の直後の記者会見は、わたし一人でインタビューを受けることになりました。

選考の結果はただちに受賞者に伝えられることになっているので、事前に連絡先を申告することになっています。すでに何回も候補になっていて、作品も多数発表している作家は、担当編集者に囲まれて、なじみの酒場などで知らせを待つことも多いようです。

わたしは初めての候補でしたので、自宅で電話を待っていました。

インタビューの新聞記者から、受賞の知らせをどこで聞いたかと質問されたので、わたしは自宅で聞いたとだけ伝えたのですが、自宅で何をしていたのかと重ねて質問されたので、正直に、二人の息子を風呂に入れてから電話の前に待機していた、と答えました。すると翌日の新聞には、ニューファミリー作家というキャッチフレーズがつけられていました。

最近は育児に協力する若いお父さんのことを、「イクメン」と呼ぶそうですが、わたしはそういうもののさきがけみたいなものでした。

思い起こせば当時、ニューファミリーという言葉が少しだけ流行していたような気もします。戦後教育の中で育った団塊の世代は、男女平等という考え方を違和感なく受けいれていました。ですから家事も手伝いますし、育児にも協力します。

けれども、団塊の世代の上司にあたる当時の部長クラスの人々は、戦時中の軍国教育を受けていたりしますので、子育てのために残業を拒否したりすると、部長からにらまれ、職場に居づらくなってくるということがあったのかもしれません。

それに若い頃はいいのですが、主任とか課長とか、部下をもつような役職になると、部下が残業しているのに自分が先に帰るということも、やりづらくなります。何よりわたしたちの世代は厳しい受験戦争などにさらされた経験から、負けず嫌いのところがあって、そのうちどっぷりと仕事に熱中する、会社人間になっていったという経緯があったのではないかと思われます。

幼稚園の運動会にはカメラをもって応援に行ったお父さんも、お子さんが中学生くらいになると、帰宅が深夜になり、休日も出勤することが多く、家族と顔を合わせる時間がほとんどないということになってしまったのではないでしょうか。

それでもご家族のことを思って、お父さんたちは仕事に励んだのでしょうが、これも日本のお父さんに多いことですが、口べたで、自分の思いを家族に伝えることができず、何となく家族の皆からけむたがられるといったことになってしまったお父さんも、少なくないものと思われます。

《超自分史》を書くというのは、子どもたちにお父さんの思いを伝える機会でもあるのです。

子どもが生まれた時から、幼稚園、小学校と成長していく、そのつどのお父さんの思いといったものを、しっかりと思い出して、丹念に書き留めておくことが、お父さんというもののイメージを変える、最後のチャンスなのです。

初めての子どもの誕生

初めてのお子さんが生まれた時のことを、あなたは憶えていますか。

あなたが女性なら、自分で産んだわけですから、記憶はあるでしょう。

男親となると、少し記憶があやしくなります。わたしも正直のところ、よく憶えていないのですね。真夜中だった気がします。わたしの母親が手伝いに来ていて、真夜中に鳴った電話をとって、お礼を言っているのが聞こえたので、生まれたのかな、と思ったような気がします。

かなりの難産だったということは、あとになって知ったことで、現場に居合わせたわけではありませんでした。次の日も仕事に行かなければなりませんから、徹夜でつきそうとか、そんなことは考えもしませんでした。

生まれた時のことを、よく憶えていないのですが、その当時の自分の心境といったものは、はっきりと記憶しています。

何しろ人の親になるわけですから、責任があります。経済的にも、大丈夫かなと、少し心配をしていました。

子どもというものは、天の授かりものだと、昔の人は言っていました。子どもができる原理がよくわかっていなかったのでしょうか。いまなら、避妊の方法がいくつかあって、準備をしていれば、不用意に子どもができることはありません。天の授かりものというのは、結婚して、子どもがほしいと望んでいる夫婦に、なかなか子どもができない場合のことをいうのでしょう。

それでも世の中に、「できちゃった婚」というものが横行しています。

思わずできてしまった、ということでしょうか。

まあ、心の中のどこかに、油断があったのかもしれませんし、できたらできたで何とかなるという楽観があるのかもしれません。

わたしの場合は、正式に結婚してはいたのですが、まだ学生でしたので収入がなく、子どもができては大変だという思いがありました。それでも、できてしまったのですね。それで就職して、サラリーマンになったわけですが、経済的にはかなり苦しい状況でした。

しかし玩具業界誌に一年いて、広告プロダクションに転職して、自動車メーカーの機関誌を担当するようになってからは、すぐに編集長にしてもらえたこともあって、収入も一挙に倍増して、何とか生活できるようになりました。

長男が生まれた時、わたしは二十五歳でした。父親がこれくらいだと、経済的にはやや苦しい感じがします。日本では年功序列の制度が確立されていましたから、若い間は低賃金です。企業に就職して、三十歳を過ぎないと、子どもを育てる安定した経済力が備わらないと考えるのがふつうでしょう。

経済力がついてから、年下の女性と結婚して、それから子どもを育てるというのが、安定した人生だということができます。

わたしは少し早く子どもをもってしまったので、その点では綱渡りのような人生だったと思っていますが、よい点もあります。若くて体力がありましたから、子育てに労力を提供することができました。それから、自分が還暦を過ぎる頃には、子どもたちも独立して、孫もいるという、安定した状況になっています。

さて、皆さんの場合はいかがだったでしょうか。

女性の場合は、男性とは別の苦労があったと思われます。

女性が二十歳代で、三十歳を過ぎた経済力のある男性を夫とした場合には、専業主婦になれますから、安定した家庭を築くことができますが、団塊の世代は人数が多いので、この世代の女性が年上の男性を見つけようとしても、上の世代は人数が少ないので、結局のところ、同世代の男性と結婚するというケースも多かったはずです。

いまは男女雇用機会均等法が施行されていますが、それでも男女は平等というわけにはいかないようです。そんな法律もなかった時代には、女性の就職には困難が伴っていました。就職できても、結婚し、子どもができるとなると、そのまま仕事を続けることには、さまざまな障害が生じたことだろうと思われます。

男性の場合も、奥さまが仕事をもっておられた場合、子どもの誕生によって、奥さまの仕事の状況が変化するということはあったはずです。

ご主人の方が強引に、妻に専業主婦になれと命じる、というようなことがあったのかもしれません。それで奥さまの人生が大きく変わってしまうことになって、それがあとあとまで尾をひくというようなことも、充分に考えられます。

そういう夫婦の葛藤については、あとで考えるとして、ここではお子さんの誕生ということに話をしぼりましょう。

子どもを生み育てる。これは人の人生にとって、重要な一つの転機だと思われます。その当時のあなたの決意のようなものを思い出して、書き留めておくのは、《超自分史》の貴重な一ページになると思われます。

実際にお子さんが誕生して、顔を合わせた瞬間は、生涯の中でも最も感動的な場面の一つだったはずです。

何とか記憶をたどって、印象的なシーンとして書き留めておきたいものです。

子どもの未来に託す夢と不安

子どもには未来があります。だが同時に不安も生じます。

親が子どもに寄せる思いは、大きく分けると、二種類あるように思われます。

一つは、親が果たせなかった夢を、子どもに託すというようものです。

子どもをスポーツ選手に育てようとして、父親がつきっきりでコーチするような場合。それから、娘を女優や歌手にしようとして、母親がステージママと呼ばれるような、コーチとマネージャーをかねたうるさい存在になるような場合。そんな特殊なケースでなくても、父親は学歴がないばかりに世間で苦労をしたから、息子には大学を出てほしいと期待するといったことは、ごくふつうに起こることでしょう。

そんなふうに、子どもに、親よりも偉くなってほしいと願うのが一つのケースです。

もう一つは、父親が中流以上の生活をしていて、自分が得ている社会的なステータスを、息子にも継承させたいと願う場合です。

歌舞伎役者や、伝統工芸の技術者は、幼い頃から子どもをきたえて、親の技術を子どもに伝えようとします。これはまあ、父親が伝えればいいことですが、そうはいかないケースもあります。

お医者さんの場合は、子どもが医科大学に入学して、国家試験に合格しなければ、病院や医院を息子に伝えることができません。弁護士や税理士、会計士なども同様です。

こういう特別の職業だけでなく、ふつうのサラリーマンの場合でも、できれば息子には、自分と同じくらいの生活レベルを維持してもらいたいと願うのは、親としては自然な望みだといっていいでしょう。

商店や中小企業の経営者なら、店や会社を継承させるということも可能なのかもしれませんが、大企業の重役とか、そういった役職を子どもに伝えるのは簡単ではありません。

確かにかなりの大企業でも、創業者の一族が経営責任者を継ぐということはありますが、本人に実力がなければ、社会が認めないでしょう。

社長でなくて、部長クラスの人の場合、息子をコネで自分の会社に入れるということは、大企業では難しいかもしれません。多少のコネがきく場合でも、子どもがある程度の学歴をもっていなければ、父親と同じ会社に入ることはできないでしょう。

その意味では、日本はフェアな社会です。父親がどんなに偉くても、子どもが一流の大学を出ていなければ、後継者になれないのです。これが逆に、日本の社会に学歴偏重という慣習をもたらし、受験地獄など呼ばれる激しい競争が起こる原因になりました。

父と子が、同じ職業に就き、おなじような価値観をもって生きる。家族の絆はそういう状況があって、初めて成立するものでしょう。昔の農村や漁村には、当たり前のようにそういう状況があったはずなのですが、近代化が進むと、若者たちは生まれ育った郷里を捨てて、都会に出て来るようになりました。

わたしも故郷を捨てて東京で生活しています。あなたもそのような人かもしれません。故郷の共同体を離れてしまえば、子どもに受け渡すものもないのですが、がんばって一流企業の部長になったという人なら、その地位や生活環境を、できれば子どもにも譲り渡したいと考えるのは自然でしょう。

その前に立ちはだかるのが、学歴社会です。その意味では、親のコネで就職できるというシステムの方が、家族の絆を作る上では好ましい環境なのかもしれません。

いずれにしても、日本はフェアな社会です。親と子どもが、同じような生活レベルを維持するためには、子どもががんばって、ある程度の学歴を取得しないと、家庭そのものが引き裂かれてしまうことになります。

子どもが小学生の高学年くらいになると、親としては、少しずつ心配になってくるだろうと思います。学校の成績だけでなく、人柄みたいなものもはっきりしてきますので、この子はどんな大人になるのだろうと、いろいろと想像したくなります。

わたしには二人の息子がいますが、長男はおしゃべりでいつも何かしゃべっているのに対し、次男は無口でした。長男がしゃべりすぎるので、次男が無口になったのかもしれませんが、親としては心配でした。

長男はピアノを習っていて、いまはスペインの音楽院に勤務するピアニストになっています。次男は理科系の大学に進んで、企業の研究所に勤務しています。彼らが高校や大学に進学する時期には、親も緊張しましたし、結果に一喜一憂するということもありました。まあ、親として当たり前のことかもしれませんが、いまとなっては楽しい思い出です。

実はわたしは次男が私立中学を受験した時の体験記を、『パパは塾長さん』(河出書房新社刊)という本にして発表しました。わたしの小説はあまり売れませんが、この本はベストセラーになりました。わたしと同じように子どもの将来について、真剣に考えている人が多いのだなと実感しました。

子どもにどこまで親がかかわるかというのは、人それぞれです。親と子がどんなふうに生きてきたかというのは、類型というもののない、まさに一回きりの体験です。

《超自分史》のテーマとしても、割愛できない重要な課題だといっていいでしょう。

親としての責任

子どもというものは、ペットとしては、可愛いものです。

でも、ただのペットとは違います。

わたしも犬を飼っていたことがありますから、ペットの可愛さは知っています。犬は半年もたてば、成犬のサイズになります。それでも犬は、可愛いのですね。老犬になり、寝たきり状態になっても、ああ、可愛いと思うことがしばしばありました。

可愛いというのは、見た感じがあどけないということです。あどけないというのは、人間の大人のような分別がないということで、言い方を変えれば、愚かだということです。愚かで、困った存在なのに、可愛いと思ってしまう。そこがペットのすごいところです。

ペットを飼って可愛いと思える人は、「やさしさ」をもっているのだろうと思います。自分にやさしさがあることを確認して、ほっとした気分になる。ペットの効用には、そういうところもあるのではないかと思います。

しかし、犬は（たぶん猫も）、いつまでたっても犬のままです。愚かさと可愛さをずっとひきずっていきます。

子どもはそうではありません。子どもは成長し、やがて大人になります。大人になってしまうと、もう可愛くはないですね。

それでも、思い出があります。思い出の中の子どもは、いつまでも可愛いのです。その可愛い子どもの姿を書き留めておくことも、《超自分史》の貴重な一ページではあるのですが、子どもというものにはその先があります。むじゃきな子どもである段階から、少しずつ大人に近づいていく。その途上で、困難な問題が生じることもあるでしょう。

子どもは時に、つまずきます。

引きこもりになったり、ぐれて暴れたり、大人になっても働こうとしない、といったことですね。

父親がヤクザの暴れ者で、それを見ていた子どもが中学生くらいで暴れ始めるというのは、ある意味で、仕方のないことです。

父親がふつうのサラリーマンなのに、息子が暴れ始めたら、これはちょっと問題です。父親としては大いに戸惑うことでしょう。

でも暴れるというのは、元気がありあまっているということですし、もう少し大人に近づいていけば、穏やかな大人になるということも考えられます。

困るのは引きこもりのような、消極的な状態に子どもが落ち込んでしまった場合です。

実はわたし自身、高校生の頃に引きこもり状態になっていた時期があるので、この問題は、他人事ではありません。何で引きこもりになったかというと、学校が面白くなかったからです。大学に入って、社会に出て、それで何か仕事をして、人生を送るというような生き方に、どんな喜びがあるのか、よくわからないと思っていました。

実際に社会に出てみると、仕事は面白かったですし、妻と二人の息子たちとの生活も楽しいものでした。大人たちが、人生って楽しいんだよ、と気軽に語りかけてやれば、若い人たちにも生きる意欲がわいてくるのではないかと思います。これがお説教のような口調になってしまうと、お子さんが反撥してしまうかもしれませんね。

いずれにしても、いま《超自分史》を書こうとされている方にとっては、お子さんが迷っておられた時期というのは、過去のものかもしれません。その当時の、親としての心境なども、記しておくといいと思います。

ただし、そのお子さんもいまは大人になっておられるのだろうと思います。お子さんには、それぞれに人格があり、独立した人間としての権利もそなわっているのですから、このあたりを具体的に書くと、お子さんのプライバシーを侵害することになるおそれがありますので、ここは少しぼかして、親としての心境に焦点をしぼって書くといいと思います。

わたしは小説家ですので、時としてエッセーを書くこともありますし、私小説みたいなものを書くこともあります。すると妻や子どもたちが登場します。

妻は小説家を目指しているわたしを伴侶として選んだのですから、割り切っていると思いますが、子どもはそうではありませんので、息子たちの人格を傷つけないように書くという配慮をしながら書くこともありますが、時として思わず筆がすべってしまうこともあります。

小説は私小説に近いものでも、いちおうはフィクションであるというタテマエになっているのですが、《超自分史》の場合は、本当にあったことを書くのが原則ですから、そこにお子さんや、友人や、会社の人や、ご近所の人が出てくる場合には、少し慎重に書くべきでしょう。

親には、子どもをこの世界に生み出したという責任があります。子どもが生きることに迷っていたり、悩んでいたりすれば、責任をもって対処し、相談に乗ってやったり、励ましてやる必要があります。

中学や高校では、ごくふつうに勉強していても、大学に入ったり、勤めに出たあとで、人生につまずく若者も少なくありません。

とくに不況が長く続いている現代の日本社会は、以前のような、会社が一つの共同体となっているような、温かみをもった組織ではなくなってしまいました。競争原理がもちこまれ、つねに成果が問われるという環境では、働く人は不安にさらされ、心のゆとりがなくなってしまいます。

社会がそんなふうになってしまっているので、親としてどれだけアドバイスできるか、困惑しておられる方も少なくないと思いますが、とにかく、皆さんの心の内を、ありのままに書いてみるといいと思います。

人間としての試練の場

わたしは大学で小説の書き方を教えてきました。

教え始めたのはまだバブル経済の余韻が残っている頃でしたから、教え子たちは有名な企業に就職できました。でも中には、就職をせずに適当にアルバイトしながら、作家かルポライターを目指す、という若者もいました。

好景気の時は、アルバイトの時給が高く、週の半分も働けば、大卒の初任給を上回ってしまいますから、収入を減らしてまで正社員になることもないのではと考えたのでしょう。しかし当時は年功序列式の賃金体系が確立していましたから、長い目で見れば、就職した方が、収入の面では明らかに有利になります。

わたしも先生ですから、そういった常識的なアドバイスをしたのですが、年功序列を信じて就職した教え子が、定年を待たずにリストラされたり、会社が倒産したりといったことも充分に考えられる時代になりましたから、あの時のアドバイスはどうだったのかと、後悔することもあります。

それでも親御さんのことを考えれば、フリーターになることを推奨するわけにはいきません。とりあえずは就職試験を受けて、何年かは働いてみたらどうだろうか。大企業とはどんなところか、自分の目で見るのも、いい体験になるといった話はしてきました。

いまは不況が長く続いているので、就職しようと思っても正社員の採用が減っていて、内定がとれない学生が増えています。

親としても心配なところですが、子どもを二十歳くらいまで育てるのが親の責任で、そこから先のことは、子ども自身が自分で考え、人生を生きていくしかないと思います。

子どもの心配をするよりも、わたしたち自身のこれからの人生を考えるべきでしょう。

ただし、お子さんが難病をかかえているとか、一人では生きて行けない場合は、話は別です。

わたしたちは誰もが、運命というものをかかえています。運命という点では、人間はけっして平等ではありません。結婚相手に恵まれ、子どもを授かったというのも、天の恵みというしかありません。

放っておいても元気に育つ子もいれば、先天的に難病を負って生まれてくる子もいます。後天的な病気や事故で、何らかの障害を負う子もいます。そういう子どもを授かったのも、天の恵みというべきでしょう。

そのような場合、親には覚悟が必要です。運命を受けいれ、できる限りのことをして子を支えてやるというのが、親の責務であると同時に、ごく自然な愛情だろうと思います。

一人で生きていける子どもに、親が過度に干渉したり、大人になった子どもにまで何らかの指図をする親がいますが、子どもはいつか独立して生きなければならないのですから、ある時期になれば突き放す必要があります。

しかし障害を負った子どもの場合には、親はその子の将来までを見すえなければなりません。

ここまでは子どもの話をしてきましたが、もう一つ重要な問題があります。親の問題ですね。わたしたちが高齢者になると、親の世代はもっと高齢になっていて、子どものような状態になってしまいます。

世話になった親ですから、子どもが介護をしたり、適当な施設に入れてやるのは、当然の責務でしょう。やっと自分の子どもが独立してくれたのに、その途端に親の介護をしなければばならないという人も多いはずです。

人生というのは苛酷なものですが、その苛酷さも、さまざまです。まだ若いうちから、親の介護を続けてきたという人もいるでしょう。兄弟がたくさんいて、兄や姉に任せているという気楽な人もいるでしょう。

住んでいる地域によっては、適当な施設がすぐに見つかるという場合もあるでしょうが、都会に住んでいると、高額の施設しか空きがないということで、自宅で介護するしかないという場合も多いと思われます。

これもわたしたちの《超自分史》の一ページです。

父親や母親が、どのような病気で介護を必要としたか。その細部を書くことも、わたしたちの人生を描くことになります。

わたしの父は、わたしが三十歳をすぎた頃に亡くなりました。六十歳代の後半でしたから、それなりに充実した人生だったと思われます。母はつい最近、亡くなりました。母の人生も、充実したものだったと思いますが、長く生きていれば患うことも多く、本人も長く生きすぎたと嘆くことがありました。

父と母の思い出は、わたしにとって、大切なものです。

皆さんにとっても同様だと思います。

もう一つ、重要なことを忘れていました。夫や妻が闘病したり、自分が闘病するということもあるでしょう。配偶者が先に亡くなってしまうということもあるでしょう。家族というものは、少しずつ変化していくものです。

人生の重要な部分は、家族との絆の中で展開されます。思い出そうとすると胸が痛む記憶も多いことと思われます。その胸の痛みが、《超自分史》を書く推進力になるはずです。

第五章

細部の表現と全体の構成

このあたりで中間のまとめ

この本も半分くらいのところまで進んできました。

自分の誕生から、少年時代、青春、就職、子育てと、さまざまな人生のページを、できるだけ具体的に、イメージ豊かに書き留めていくことが、《超自分史》の基本的な方法論なのですが、細部にこだわって思い出をたどっていくうちに、膨大な量のメモができてしまったことでしょう。

このあたりで、少し先の展望を考えておきましょう。

あなたの《超自分史》の全体の構成を考えてみるのです。

ここまでは、とにかく細部にこだわって、断片的でもいいから、思い出すことを一つ一つ書き留めていけばいいということで、話を進めてきました。

それで最後まで押し切ってしまってもいいのですが、より充実した、読み手の心にずっしりと残る《超自分史》を仕上げるためには、全体の構成を考える必要があります。

あなたの人生の《山場》といったものを設定するのです。

しかしその前に、これまでに書いた細部の断片を、少し整理しておいた方がいいかもしれません。

最初から読み返してみて、面白いものと、さほど面白くないものとを、仕分けしてみましょう。

その場合に大切なのは、客観的な視点で読むということです。

《超自分史》に書かれているのは、あなたの記憶からうかびあがったものです。あなた自身にとっては、親しい過去です。もしかしたら忘れていた記憶かもしれませんが、いまははっきりと記憶がよみがえり、あなたの頭の中には、くっきりとしたイメージが宿っていることと思います。

そのイメージが、ちゃんと読者に伝わっているでしょうか。

イメージというのは、いわば絵であったり、記号であったりするわけですが、文章で書くということは、そのイメージを言葉に変換する必要があります。

たとえば、洗濯板、という言葉があります。

この言葉は、「洗濯」という語と、「板」という語の合成ですから、洗濯する時に使う板状の道具であることはわかります。しかし、そんなものを見たこともない、あなたのお孫さんには、そのイメージは伝わらないでしょう。

あなたのお母さんが、どんなふうにその板を使って洗濯していたのかを、目で見えるように詳しく描写しておいた方がいいかもしれません。

というような感じで、あなたのお子さんや、お孫さんの立場になって、読み返してみるのです。あなたはわかっているつもりでも、お子さんやお孫さんには伝わらない言葉がありま す。

文章が、世代を超えた人々に伝わっていくためには、より詳細な表現が必要になってくるのです。

もう一つ、気をつけていただきたいことがあります。

あなた自身の記憶をたどって書いた文章は、あなただけのものであるはずなのですが、知らないうちに、どこにでもあるような類型的なものになってしまっているおそれがあります。それは、書き手が自分の体験を解釈して、類型的な表現にあてはめてしまっている場合です。

たとえばあなたが、旅行でローマに行ったとしましょう。

たいていの人が、トレビの泉を見に行きますね。

これを記録しようとして、「トレビの泉を見た」と書いても、ただの類型です。トレビの泉を見た日本人は、何百万人もいるはずです。「トレビの泉を見た」という文章では、その何百万人の一人になったというだけのことで、感動も喜びも伝わりません。

これは宮島の厳島神社を見た場合でも、東京タワーやスカイツリーを見た場合でも、同様です。何々を見たというだけでは、それは自分が一つの類型にすぎないと表明しただけのことで、あなた自身の固有の体験を描いたことにはならないのです。

地名とか、名所の名前などにとらわれずに、見たままを書く。

トレビの泉だったら、そこにある彫像や、流れる水のようす、それから大勢の観光客のありさまなどを、その日の天気とか、風のぬくもりみたいなものが伝わるように書けばいいのです。

地名などの名前にとらわれると類型的になってしまいます。

同じように気をつけていただきたいのは、類型的な感覚の表現です。そういう表現を用いると、たちまち文章が死んでしまいます。

たとえば「懐かしかった」とか、「感動した」とか、「嬉しかった」「楽しかった」「悲しかった」「胸が痛んだ」「耐えられない思いをした」とか、こういった表現です。

ここにはあなたのやや乱暴な解釈が加わっています。「やさしい母」、「実直な父」、「厳しい先生」、「思いやりのある恩師」といった表現も、型にはまった言い方です。

わたしが、細部をありのままに、イメージ豊かに書けばいい、とお勧めしているのは、右に挙げたような類型的な表現では、どこにでもあるような《自分史》になってしまうと考えるからです。

類型を突き抜けて、より具体的な、目で見えるような表現を用いる。解釈は不要なのです。喜びや、悲しみや、感動があるからこそ、人はそのことを記憶していて、文章に書こうとするわけですから、わざわざ「嬉しい」とか、「感動した」といった言葉をわざわざ書く必要はないのです。

書き手のモチベーションを設定する

以上の注意点を頭に入れて、最初から文章を読み返してみましょう。

「トレビの泉を見た」のような類型的ところがあったら、より詳細で具体的な表現を追加してください。

逆に、悲しかったとか、感動したといった解釈が書かれていたら、その部分は削ってください。

そんな調整をしているうちに、しだいに文章がまとまってきて、読みやすいものになっていくはずです。

さて、全体の構成です。

ただ細部を描くだけでなく、自分がこの本を書きたかったのは、こういうことが言いたかったのだという、書くことのモチベーションを提示する。そういう山場があった方が、読者の気分も盛り上がるはずです。

ここまで皆さんが書いてきたのは、誰にでもある生い立ちです。どんな少年時代（あるいは少女時代）をすごしたかは、人によってそれぞれ違っているでしょうが、誰にでも少年時代や青春時代はあるわけですから、とにかくそれを書いていけばいいのです。

内容は千差万別でも、ここまではとりたてて構成といったものは考える必要がないということです。

しかし、ここから先は違います。人によって、人生の山場をどこに置くかは、違ってくるはずです。青春時代にピークがあって、あとはどうでもいい余生だといった人がいるかと思えば、自分の人生はこれから山場を迎えるのだという人もいるでしょう。

ここからの展開は、書き手が自分の人生をどうとらえるかということで、大きく変わっていくことになります。

その人の人生についての考え方が、《超自分史》の山場になるということですね。いってみれば、自分の人生についての書き手のメッセージのようなものが、その山場を構成することになります。

ここまでの段階では、わたしは理屈や解釈でまとめてしまうのではなく、細部にこだわって、見たまま、感じたままを書けばいいと語ってきました。最初から解釈してしまうと、話が類型的になり、履歴書を拡大したような、つまらないものになってしまうおそれがあるからです。

けれども、あなたの人生（まだ半生というべきですが）を一冊の本に封じ込めるためには、山場の設定が必要です。《超自分史》を書く意味もそこにあります。

一冊の本を読み終えて、確かにここに一人の人間の人生があると感じられる時、読者はそこに、ある個性をもった人間の姿を見ているはずなのですが、その個性というのは、人生の山場の最も印象的で輝かしい姿であるはずです。

そこに到るまでの生い立ちなどは、ただの準備とか助走とかいったものにすぎないのです。

ここから先は、その山場に向かって、明確な意図をもって進んでいくことにしましょう。

そこで必要となるのは、どのようにして山場を設定するかという、見取図のようなものです。

あなたの人生の山場をどこに設定するか。それは結局のところ、あなた自身が、あなたの人生の意味について考えるということにつながっていきます。

いきなり、話が大きくなってしまいましたが、これはとても重要なことです。

一冊の本を出して、読者に読んでいただく。自費出版では、書き手が本を買って友人知人に本をお配りするのがふつうですが、中には代金を払おうという人もいるでしょう。ご祝儀みたいな感じでお金をいただくことになるのですが、本の値段などはわずかなものです。

それよりもその本を読んでいただくことで、時間と手間をおかけすることになる。こちらの方が大きいでしょう。本はタダでも、本を差し上げた方に時間と労力という面で多大のご負担をおかけすることになるのですね。義理で読んでいただいて、それでおしまいということでは、本を書く意味がありません。

できれば、何かずっしりとした読後感を、読者にもっていただきたい。

そのためには、ただあなたの人生の細部を伝えるというだけではなく、心の中に秘められた切実な思いのようなものが伝わればと思います。そうすれば、あなたの《超自分史》は、輝きをもつことになります。

どんな文章でも、書くというのは、熱意と根気を要する作業です。その熱意の元となっているのは何でしょうか。動機とか、モチベーションなどといいますが、読者は本を読む時、書き手のモチベーションを期待します。

書き手には何か言いたいことがあるだろう、どうしてもこれだけは言っておきたいのだろうと、そういうモチベーションを期待します。そういうものがあるなら、読んで、話を聞いてやろうじゃないかということですし、その言いたいことが胸を打つものであれば、読んでよかったと思い、自らの人生の指針とか教訓にもしようということで、人は本を読むのだと思います。

誰かの《自分史》を読んで、細かいことがいっぱい書いてあって、それなりに面白く読んだものの、最後まで些末な細部が書いてあるだけで、全体を通してのモチベーションが感じられなかったということになると、読んだ人はがっかりしてしまいます。

貴重な時間を使って読んでいただくわけですから、読者をがっかりさせないように、しっかりとした中身を設定する必要があります。

中身とは、書き手のモチベーションです。これだけは言っておきたいという、強い思いのようなものが必要なのです。

自分の人生とは何だったのか

なぜ《超自分史》を書くのか。

このあたりで、そのことをじっくりと考えてみましょう。

動機は人それぞれでしょうが、とにかく自分の人生というものを改めて見直し、人に語りたいという願望があるのではないかと思われます。

自分の人生とは何だったのか。

それは簡単に答えられる問いではありません。簡単に答えられないからこそ、《自分史》を書きたいというモチベーションが生まれたのでしょう。

しかし、生い立ちから青春時代、最初の仕事といったところまで書き進むにつれて、書き手の心の内に、その簡単に答えられない問いの、答えのアウトラインが、ぼんやりとうかび上がってきたのではないでしょうか。

ここからはいくつかのケース別に、人生とは何なのかといったことを考えていきましょう。

まずはごくふつうの人の場合。ふつうといっても、何がふつうなのかは難しいところですが、ふつうに就職して、定年まで大過なくすごし、奥さんもお子さんもいて、いまは年金で何とかやっていける、というような人を、ふつうとしておきましょう。

そんな恵まれた人はもしかしたら少数派なのかもしれませんが、これは話の糸口のようなものですから、とりあえずこれを標準として、話を進めていくことにしましょう。

途中で左遷とか、リストラとかがあれば、波瀾万丈の物語になりますが、そんなものもなくて、黙々と仕事をこなしているうちに定年になった。重役とか部長とかになることもなく、同期の中では最も遅く、定年間際にやっと課長になったといった、地味な人生だが、とにかく一生を会社に尽くして、めでたく役目を終えた。

そんな人生を送った人が、日本ではかなり多いのではないかと思われます。

ある意味で、類型的な人物です。

ロシアの文豪レフ・トルストイは『アンナ・カレーニナ』の冒頭部分にこんな言葉を書き記しました。

幸福な家庭というものは類型的だが、不幸な家庭というものは、それぞれの固有の不幸をかかえている……。

この名言を少し変えて言えば、幸福な一生は類型的だが、不幸な人生は個性的だ、ということになります。

無事に生きるというのは、めでたいことですが、何事もないということは、語るべき事がないのではないかとお思いかもしれません。

そんなことはないのです。これまでお話ししてきたように、人間の個性というものは、細部に宿っています。これまで積み上げるようにして書いてきた細部が、あなたの人生の全体を輝かせていますから、自信をもって、《超自分史》の仕上げに取り組んでください。

何事もない人生というものは、《超自分史》の歴史、あるいは物語といってもいい作品の、山場となる部分が見当たらないように見えますが、大過なく定年まで勤め上げたということであれば、それはそれで立派なことなのですから、その定年の日を、人生の山場と考えてもいいのです。

先にわたしは、解釈はしない方がいいということを述べたのですが、人生の山場となるところだけは、本人の解釈が入ってもいいだろうと思います。

自分の人生を、どのように解釈すればいいか。

平凡そうに見えても、自分はせいいっぱい生きたのだし、それなりに充実した人生だった、といった感懐をもつのは、長く生きた人間だけに許される特権といっていいでしょう。本を一冊書くのですから、その最も重要な部分には、書き手のメッセージを堂々と掲げておきたいものです。

メッセージといっても、大げさに考える必要はありません。

定年退職する日を、山場と考えるならば、その部分を、それまでより少し念入りに書く、という程度のことでいいのです。

定年退職の一年前くらいになった時に、何を考えたか。一ヵ月前はどうか。あと数日と迫った時はどうか。家族の反応や、職場の人々の反応なども書き留めながら、いよいよその日がやってくる、といったふうに展開すれば、話は盛り上がります。

わたしは定年退職といったものは体験していないので、よくわからないのですが、何事かを成し遂げたという達成感とともに、一抹の寂しさみたいなものがあるのでしょうか。もっと働きたいという心残りがあるのでしょうか。これからはもう働かなくていいのだという解放感があるのでしょうか。

そうした心の内の思いも人それぞれですから、この場合に限っては、あなたの解釈をしっかりと書き込んでおいてください。

もちろん、これはあくまでも基本形です。

大過なく定年まですごしたというような人は、実は少数派ではないかとわたしは考えています。

同期の出世争いに負けて悔しい思いをしたり、途中で子会社に出向となって失意に沈んだり、定年前にリストラされたり、思いの外早くに早期退職の肩たたきが始まったり、何かと思いがけないことが起こるのが人生というものです。

しかしそこにも塞翁が馬というような逆転が起こります。地方に左遷されている間に、本社で大きな問題が起こり、結果としては問題に巻き込まれなくて済んだとか、リストラに等しい形で子会社に出向になったのだが、そこでその会社が急成長して、思いがけず子会社の重役となって、定年後も働けるようになったとか……。

期待と失望が交互にめぐってくるのが人生です。

その人生をどのように解釈するか。そして、自分の人生のどこが山場だったと考えるのかは、あなたしだいです。そこにあなたの個性が発揮されるのであり、そのことが、《超自分史》を書く意味だと言ってもいいのです。

ままならない人生にこそ醍醐味がある

平凡な人生には穏やかな幸福感があります。

そうでない人生には、不安や悔恨や痛憤があるのかというと、そうでもないという気がします。どんなにつらいことでも、過ぎてしまえば、美しい思い出と感じられる。皆さんはどのようにお考えでしょうか。

もちろん人によっては、どうしても思い出したくない過去というものがあるのかもしれません。過去のつらい体験を懐かしく思い起こすことができるのは、晩年になってゆとりができた人に限られるのでしょう。

それでも、《超自分史》を書こうという気持になっているあなたなら、どんなつらい体験も、いまなら書けるのではないかという、それくらいの心境になられているのではないかと思われます。

つらい体験が、一つや二つであるならば、それは人生における試練の場ととらえることができます。

その試練を乗り越えることができたからこそ、いまの自分があるのだと、前向きにとらえることができます。

長い人生ですから、すべてが順風満帆に進行するよりも、何度かピンチがあった方が、楽しいということもできるでしょう。人生における困難とは、料理に加えられたピリッとした辛みのようなものです。

人によっては、自分の人生はつらいことばかりだったと感じられることもあるでしょうが、どんなにつらいことでも、何年かのちに振り返れば、その局面を乗り切った自分を褒めてやりたいような、貴重な体験と感じられるのではないでしょうか。

つらいことばかりを書き留めるのではなく、時には陽の当たることもあった人生の中の、ピリッとした困難を書き留めることは、意味のあることですし、つらいことの連続だったとしても、ただつらかったと書くのではなく、その困難な局面の細部を書いているうちに、局面が自分を離れた客観的なものと感じられ、余裕をもって眺めることができるようになります。

書くという行為は、自分自身の体験を客観的に眺める試みであり、自分の人生を相対的に眺めたり、俯瞰したりする試みでもあるのです。

あの頃はつらかった、という体験を書こうとして、過去の自分のことを思い起こしているうちに、あまりにも思い入れが強くなりすぎて、当時の悲しみや嘆きがつのってきてしまうと、それがストレートに文章ににじみ出てしまうおそれがあります。

そうなると、ただの愚痴みたいなものになって、読者は引いてしまいます。

読者が安心して読める文章というのは、あの頃の自分は苦しんでいたけれども、いまではゆとりをもって思い出すことができているのですよといった、文章の安定感です。

当時は若かったので、些細なことで思い悩んだり、絶望的な気分になってしまっていた。そんなことを、苦笑まじりに語る。

過去の悩んでいた自分との間に、距離をとる。

それが、つらい体験を書く時の、一種のコツのようなものです。

過去の自分がその時点では息たえだえに苦しみもだえていたのだとしても、いまは冷静に、当時の自分を客観的に振り返ることができる。そういう安定したスタンスが必要なのです。

よく成功した芸能人が、若い頃には職を転々としていた、といったことを自慢げに語ることがあります。しかし転職が多いということは、仕事が長続きしないということですから、苦労したというよりも、その人に忍耐力がなかったのではないかとも思われます。

しかし、何かの拍子に人生の歯車が狂ってしまうと、何をやっても駄目だという感じがして、結果的に、仕事を続ける気力もなくなってしまうということがあるのかもしれません。

読者の中にも、何十回も転職したという方が、おられることでしょう。五回とか、六回くらいでも、終身雇用が当たり前の時代の平均的な日本人と比べれば、紆余曲折のあった人生といえるかもしれません。しかし時間の経過というものが、過去の自分との間に、自然に距離をもたらしてくれるということがあります。

何度も転職したその一つ一つの仕事の細部とか、転職のいきさつなどが、年月を経て、微笑ましいものと感じられる。それくらいの距離がとれれば、ただの愚痴にならずに、安定した冷静な文章が書けるはずです。

その当時は不安でつらいことでも、順風満帆の単調な人生よりも、豊かで味わい深い生き方だったと、胸を張って語れるということもあるはずです。ぜひともそういう心境で語っていただきたいと、わたしは考えます。

過去の自分との間に、距離をとって語る。

これこそは、《超自分史》を書く極意ともいえるものです。

もっとも、どうしても距離をとれない思い出というものは、必ずあるはずです。

たとえば肉親との別れとか、心ならずもおかしてしまった過ちとか、思い起こす度に痛憤を覚えてしまうような、悔しく悲しい記憶といったものが、誰にでも、一つや二つはあるのかもしれません。

それがあなたの人生ならば、そういう心苦しい過去を、避けて通ることはできないでしょう。

決断が必要です。

あなたがどうしても、そのことを書き留めておきたいと感じるのならば、距離をとるなどといったことは考えずに、その過去と、まともに向き合うべきでしょう。

そして、思いきり泣きながら、絶叫するような思いで、そのことを書き留めるということがあっても、いいのではないかと思います。

涙なしでは語れない過去

日本は第二次世界大戦の敗戦という、未曾有の困難を体験しました。

主要都市の多くが瓦礫と化しました。

多くの人々が、戦争で命を落としました。生き残った人たちは皆、運が強かったというべきでしょう。

わたしは戦後生まれですので、戦争で生き残った両親から生まれました。運の強い両親から生まれたということになります。

しかしわたしより少し上の世代の人の中には、親を戦争で失った方々もおられることと思います。

ものごころついた時に、すでに親がいない。

これは人生の出発点から、困難を背負う大変な事態です。

その後も、地震や津波、台風、火災など、思いがけない災難で、若くして親を失った方々が、大勢おられるはずですし、阪神淡路大震災、東日本大震災、さらにその後も多くの厄災をまきちらしている原発事故などによって、運命を変えられてしまった人々は、少なくないでしょう。

そういった大きな災害に比べれば、病気や交通事故での死傷者は、ささやかな災難と感じられるかもしれません。

しかし、死者がたった一人の事故でも、それが自分の父や母であれば、その悲しみは計り知れないものがありますし、幼少の頃に親を失えば、人生そのものに大きな影響が出てくることは間違いありません。

幼い頃、母を失う。これは何よりもつらい体験でしょう。

父を失った嘆きは、じわじわと胸に迫ってくる気がします。少し大きくなっていれば、経済的な大黒柱を失うことへの現実的な不安を覚えるかもしれません。

病気がちだった親がついに亡くなるというのも悲しいものですが、元気だった人が心臓発作とか、脳梗塞とか、あるいは交通事故のようなもので、急にいなくなるというのも、悲しいものです。

他にも、世話になった兄や姉の死、幼い弟や妹の死など、忘れられない肉親との別れというものがあります。

お子さんの死というものは、親の胸の奥に深い傷を残します。

さらに若い頃に家族のために大変な苦労を背負った人もいることでしょう。

わたしは大学の先生を長く続けてきましたので、教え子の中にも、家族のために苦労している若者がいて、わたし自身も心を痛めたことがあります。たとえば長女が大学に入った途端に、母親が家を出てしまう。よほどつらいことがあって、離婚を望みながら、長女が大学生になるまではと我慢していたのでしょう。

これで責任は果たせたということで、母親としての責任を放棄したのでしょうが、残された娘は大変です。父親の世話をしなければならないし、中学生くらいの弟がいて、毎日の弁当を作ったり、母親代わりの仕事がのしかかってくるのです。

もう一つ例を挙げれば、男子学生の場合です。彼の母親も離婚していて、父親だけが残っていたのですが、その父親が脳梗塞になって寝たきりになっているのを、息子が一人で支えているという状態でした。勉学にも身が入らず、就職試験の時期になっても会社回りができないという状態で、結局その父親が亡くなるまで、父親の世話だけに忙殺され、社会に出るスタートダッシュで大きく遅れをとることになりました。

家族というものは大切なものではあるのですが、時としては人の足枷になることがあります。

これは子どもの場合ですが、夫にとっても、妻にとっても、愛する配偶者の病気や死に接するということは、大きな悲しみですし、現実生活そのものに、大きな影響が出ることになります。

もとは愛し合っていた夫婦が、何かの事情で離婚して別れなければならないというのも、悲しいことです。

考えてみれば、人生というものは、悲しい出来事の連続なのかもしれません。

あの災害さえなければ、あの事故がなければといった悔恨が、現在にまで尾をひくということもあるでしょう。

過去は過去として割り切って、前向きに進むしかないと、多くの人は過去をなるべく振り返らないようにして、人生を生き抜いてきたのかもしれませんが、《超自分史》を書こうとして振り返れば、いやおうなく自分の過去と直面することになります。

わたしは距離をとれとか、過去の自分を客観的に振り返る、といったことを述べてきましたが、どうしても思いがつのってくるような過去の出来事は、素直に感情にまかせて表現するのがいいと思います。

ただ、自分の文章を読み返すような時には、書いた時の感情の高ぶりは収まっているでしょうから、少しセンチメンタルになっていたなと感じられるならば、そこのところは抑え気味に書き直すといった配慮があってもいいでしょう。

この章のしめくくりに、歌人の斎藤茂吉の名歌を引用しておきましょう。

茂吉の母が亡くなった時の短歌ですが、母を失った悲しみの中で、茂吉はふと故郷の家の軒先に目をやるのです。

のど赤き玄鳥《つばくらめ》ふたつ屋梁《はり》にゐて足乳根《たらちね》の母は死にたまふなり

この歌には「悲しい」という言葉はありません。茂吉はただ軒先のツバメの巣を見上げているだけです。周囲では葬儀の仕度のためにご近所や親戚の人々があわただしく動き回っているのでしょう。茂吉はただツバメの巣を見つめています。そこには喉のあたりが赤いツバメの夫婦が、子育ての準備をしています。すでに卵が生まれているのかもしれません。

母の命が絶え、ツバメは新たな命の誕生のための準備をしている。

そのツバメの姿をじっと見ることによって、茂吉は母の死を悲しむと同時に、命というものの宿命のようなものを感じているのです。

母の死を嘆き悲しむのではなく、ただじっと玄鳥《つばくらめ》を見ている。これが芸術家の表現です。わたし自身、とてもこのような境地には到達できないのですが、芸術というものは、すごいものだと思います。

あなたの記憶をたどってください。

そして、あなたにとっての玄鳥を見つけてください。

第六章

生きる喜びと人生の目標

生きていることの喜びの瞬間

人生には喜びもあれば、悲しみもあります。

つねに順風満帆で、出世を続け、最後に大願成就したというような人の人生は、つまらないものです。

人生における成功といったものは、試験で百点をとるようなもので、類型的です。トルストイの言い方にならえば、試験問題の正解はただ一つなのに対し、どんなふうに間違えるかは、多種多様です。

失敗した人生の方が、波瀾万丈で楽しいということもできます。

とはいえ、悲しいこと、無念なことばかりを書いていたのでは、気持が暗くなってしまいますし、読者も息がつまってしまいます。

苦労の多い人生でも、苦しみばかりではなかったはずです。ほっと一息つくような瞬間が必ずあったはずですし、だからこそ苦労にめげず、今日まで生きて来られたのだろうと思われます。

そんなささやかな喜びの瞬間を、書き留めておきましょう。

ここで大切なのは、世間的な尺度といったものは、忘れてしまうことです。高級レストランの食事だけがご馳走ではありません。駅の構内の立ち食いそばをすすって、心の底からの幸福を感じることだってあるのです。

むしろ苦労の多い人ほど、その苦労のあいまに感じたささやかな喜びの瞬間を、心の奥に刻んでいるものです。

人間が、生きていてよかったと感じるのは、大願成就した時だけではありません。冷たい風が吹く日に、街角にコーヒーショップを見つけ、安価なコーヒーを飲んだだけでも、生きていてよかったと感じられることがあるのです。

そんな喜びの瞬間を、一つ一つ、思い起こしてください。

あなたが生きていてよかったと感じた瞬間の、ベスト10を挙げてみましょう。

こんなふうに、喜びの瞬間をいくつか選ぶということになると、課長に昇進した時とか、転勤から本社に戻った時とか、立身出世にまつわるありきたりなものが並ぶことと思います。

そういうものは、類型的です。書くに価しないとまでは言いませんが、誰もが通る通過点の一つにすぎません。

よく考えてみると、課長にはなったものの、同期の中では遅い方だったとか、課長にはなったが、定年まで課長のままだったとか、素直に喜べないことなのかもしれません。

本当に書くべきことは、その逆なのではないかと思います。

同期の仲間は皆、部長に出世したけれども、自分は課長のままで定年を迎えた。しかしだからこそ、自分にはこんな喜びや楽しみがあった。そんなふうに胸を張って言えることがあるとすれば、それこそが、書くに価することなのだとわたしは思います。

でも、同期の中では、出世が遅れた方で、そのことをいまだに不本意に思っているということを、正直に告白するのもいいでしょう。

それでも大過なく、子どもを社会人にまで育て上げることができた。四十歳の時に病気になったが、いまは元気になっている。妻は人柄がよく、いまも仲良く暮らしている。そんなふうに、自分の人生の、自分なりに評価できるポイントを見つけるのもいいでしょう。

出世はできなかったし、子どもはグレて行方不明だし、病気の後遺症がいまも残っているし、妻は性格が悪くとっくに離婚している、というような人生を送った人にも、何か一瞬でもいいから、生きていてよかったと思える瞬間はあるはずです。

それはもしかしたら、他の人から見たら、とるにたりない、つまらない喜びかもしれません。それでもいいのです。自分の人生を振り返ってみて、胸がときめいたような瞬間がなかったでしょうか。心の底からほっとするようなことはなかったですか。ああ、自分は生きている。この世に生まれた本当によかった。そんな感慨をもつ瞬間が、誰にでも、一度や二度はあるはずです。

一つ一つ数えていけば、ベスト10どころか、いくつでも、そういう瞬間が見つかるかもしれません。

そういうささやかな喜びの瞬間が、数珠のように連なっているのが、わたしたちの人生なのです。

学生の頃に、いつも通っていた定食屋の定食とか、学生食堂のランチとか、そんなものを思い出してみるのもいいでしょう。就職して乗用車のセールスマンになって、最初に車が一台売れた時の喜び、といったものもいいのではないでしょうか。

ベスト10に入るようなものでなくても、ほんのちょっとしたことでもいいから、記憶の中に残っている細かいことを、一つ一つ書き留めていくのもいいでしょう。

くりかえしますが、世間的な評価といったものは、考える必要はありません。あなたの心に残っていることを、書き出していけばいいのです。

あなた自身が、いまも記憶していること。

それはあなたにとって重要な、あなたの人生の1ページなのです。

息子の姿に感動を覚える

ここではわたし自身の記憶に残っていることを、参考までに書いてみたいと思います。人生のベスト10ということになると、わたしは小説家ですから、これまで書いた作品のベスト10を選んでおけばいいようなものですが、それでは面白くありません。

小説家が自分の作品について述べるのは、平凡で類型的です。

結婚とか、二人の息子のことなども、当たり前すぎてつまらないと思います。

もっと具体的に、仕事上でもいいし、家庭生活でもいいのですが、ある瞬間を切り取って、ほっとした瞬間、嬉しくてたまらない瞬間、生きていてよかったと思える瞬間があったのではないかと、記憶をたどってみましょう。

長男はいまスペインにいます。嫁さんの実家の近くの街にいて、娘三人とともに、スペイン人の地域社会に融け込んで生活しています。高等音楽院の先生をしていたのですが、これは報酬は高いのですが一年契約の仕事です。スペインにはどの街にも公立の音楽院があって、数年に一度、音楽の先生の公務員試験があります。嫁さんはその試験に合格して公務員として働いているのですが、その試験が数年ぶりにあるというので、息子も試験を受けることになりました。

ちょうど息子が試験勉強を始めたばかりの頃に、わたしと妻は孫の三人娘の顔を見るためにスペインを訪ねました。公務員試験では実技の他に筆記試験があり、また与えられた課題で講義をする試験もあります。もちろんスペイン語ですので、ネイティブ・スピーカーではない息子にとっては大変な試練です。夕食の団欒のあと、孫たちが寝室に入るのと同時に、息子の姿も見えなくなりました。どこに行ったのかと思っていると、地下室にこもって勉強していたのです。

そうした息子の姿に接して、わたしは胸を打たれました。

目標をもって努力をする。

人生において最も大切なことは、努力だと、わたしは考えています。自分の人生においても、せいいっぱい努力を続けてきました。

わたしは息子たちに対して、努力をしなさいといったことは、一度も言ったことがありません。親の価値観を一方的に押しつけたくないという思いがあったからです。

長男にピアノを学ばせたのは、本人が興味をもったことがきっかけではあるのですが、楽器というものは、努力をすれば曲を弾けるようになり、努力の成果を身をもって体験できるのではないかと考えたからです。もっともピアノを仕事にするようになるとは思ってもいませんでした。

本人の好きなように生きればいいと思っていたので、息子に対して意見を述べたことはありません。スペイン人の女性と結婚し、スペインに住むようになったことについても、息子から意見を求められたことはありませんし、お説教じみたことをしたこともありません。

それでも息子は、自分の人生について真剣に考え、努力をしていました。

努力の大切さといったものを、わたしは息子に説いたことはないのですが、それでもいつの間にか、息子は努力する人間になっていたのです。

それはわたしとって、大きな喜びであり、誇らしいことでもありました。

おそらくピアノの先生や、学校の先生など、出会った恩師から学んだのでしょうが、息子がどういう経緯で、努力の大切さを体得したのか、わたしにはわかりませんし、誰に感謝すればいいのかもわかりません。

わたしは天の神様に感謝を献げたいという気持になりました。

息子が地下室で勉強したというのは、イメージとしも鮮やかなものではありませんし、人生の中でもとくに重要な局面ではありません。

長男の人生の中の大きな出来事といえば、大学に合格したこととか、スペインの国際コンクールで入賞したこととか、それから嫁さんの実家のある街の大きな教会で結婚式を挙げたこととか、それから三人の娘の誕生など、華々しい場面はいくらもあるのですが、わたしにとっては、地下室にこもって黙々と勉強しているという、姿も見えない息子の努力に、深い感動を覚えました。

これは息子の人生であって、わたしの人生ではないのですが、息子がこんなふうに努力をする人間になってくれたということは、わたしの人生にとっても重要なことです。

子どもというものが何なのか、いまもってよくわからないのですが、ある時期まではペットのような存在で、ある時期からは、どんなふうに成長していくのか、期待と不安が入り混じった存在になります。

わたしには自分の仕事があり、自分の人生があります。息子が何か問題を起こすようだと、わたしの人生にも支障が出ることになります。息子が努力しながら前向きに生きていてくれれば、わたしも安心して、自分の仕事に集中することができます。

その意味では、息子ががんばって自分の人生を自分で切り開いていく姿を確認することができたということは、わたしの人生にとっても大きな出来事だったのです。

些細なことに輝きがある

長男のことを語ったので、次男のことも思い出してみようとしたのですが、次男はごくふつうに、私立中学から大学に入り、理科系だったので当然のように大学院に進んで、それから就職しました。中学、大学、大学院、それから就職試験と、それぞれに関門があり、そこを乗り越えるごとに、親としても喜びを覚えたのですが、それは当たり前のことで、書いても面白い話にはなりません。

記憶をたどると、些細なことばかりが思い出されます。

三歳くらいの時に、保健所に予防注射に連れていくと、周囲の子がわんわん鳴いているのに、うちの子どもは泣かずに耐えました。立派な子どもだと思いました。

次男を初めてデパートの屋上に連れていった時のことです。百円払うと子ども用のバッテリー駆動の自動車でコースを一周できる乗り物があったので、乗るかときくと、次男は値段の表示を見て、乗りたくないと言いました。幼稚園くらいの子どもでも、コスト・パフォーマンスを考えるのだと感動しました。

絶対音感があってお茶碗やコップがぶつかってチンと鳴った音の正確な音階を言い当てたり、二歳くらいで文字が読めたり、何桁でも暗算ができたり、パズルを解くのが好きだったり、何か不思議な感じの子どもでしたが、目立つことの嫌いな人柄で、まあ、ごくふつうに育っていったと思います。

何か一つ、これだというものを思い出そうとしても、何もうかんでこないのですが、この文章を書きながらいろいろと考えているうちに、一つの思い出がよみがえってきました。

長男がベルギーのブリュッセル王立音楽院に留学していた時のことです。春休みにわたしと次男でブリュッセルに行くことにしました。

ふだんは妻と旅行することが多いので、息子と二人で旅をするも面白いと思ってわたしが誘ったのです。

ブリュッセルでは、ホテルの手配は長男がやってくれましたし、夕食もたいていいっしょでしたので、安心でしたが、昼間は長男も忙しいようで、わたしと次男は二人だけで観光することになりました。

ブリュッセルから列車で一時間くらいのところに、ブリュージュという古都があります。駅でレンタルの自転車を借りて、名所を回り、運河で観光船に乗ったり、カリヨンと呼ばれる演奏のできる鐘のある塔に昇ったりしたあと、遅い昼食をとり、そろそろ帰ろうかと思っていると、次男が突然、海を見に行こうと提案しました。

ブリュージュは内陸部にある街です。昔は海に通じる運河があり、貿易港として栄えたのですが、土砂が堆積して運河に大きな船が入らなくなり、貿易港は海に近いアントワープの方に移りました。街はさびれてしまったのですが、そのおかげで、中世の街並みがそっくり残っていて、街全体が世界遺産になっているところです。

海までは、ずいぶん距離があるはずです。息子がどうしても海が見たいと主張するので、仕方なくわたしも自転車でついていったのですが、途中で息が上がってしまいました。夕暮れが迫っていました。わたしは息子と別れて引き返すことにしました。ブリュージュの街に戻る頃には日没になり、暗い中で道に迷ったりしましたが、何とか駅までたどりつくことができました。

駅前広場のベンチに座り、二時間くらい息子の帰りを待っていました。慣れない外国ですから、事故でもないか心配でした。ようやく息子が戻ってきた時は、ほっとしました。そのことも大きな喜びだったのですが、印象に残っているのはそのあとのことです。

レンタルの自転車を返却して、列車に乗ってブリュッセルに戻るだけでいいのですが、予定の時間より大幅に遅れることになるので、長男が心配しているだろうと思い、電話をかけることにしました。

ところが公衆電話のほとんどはカード式になっていて、コインを入れる電話機を見つけるのにずいぶん苦労しました。やっとコイン式の電話機を見つけて、コインを入れてみたのですが、電話がかかりません。ブリュッセルはフランス語圏で、英語もたいてい通じるのですが、ブリュージュはフラマン語と呼ばれるオランダ語系の言語圏なので、通行人に尋ねるわけにも行かず、途方に暮れてしまいました。

まだユーロによる通貨統一の前で、ベルギーフランの時代です。十円玉みたいなものと、百円玉みたいなものを入れてみたのですが、どちらも電話がつながらないのです。困っていると、次男が突然、パズルを解くようにアイデアを出しました。日本なら電話は十円でかかりますが、外国ではそうとも限らないのではないかと息子は言い出したのです。

いくらだったかは忘れてしまいましたが、二十円玉みたいな中途半端なコインを二つほど入れた時に、突然、ツーという、おなじみの通話音が聞こえてきました。

この時の感動を、わたしはいまでも忘れません。

公衆電話が通じたという、それだけの話なのですが、言葉の通じない外国にいると、長男だけが頼りなので、長男に電話が通じた時は、心の底から嬉しいと思いましたし、次男のアイデアに感謝しました。

結局のところ、胸の奥に残っていることというのは、実は、こういう些細な出来事が多いのではないでしょうか。

人生というのは、些細な出来事の積み重ねだといえるのかもしれません。

人生の転機となる大きな出来事

人生の中の大きな喜びの瞬間を思い出そうとしても、些細なことしかうかんでこないというのは、もしかしたらわたしの人生が、起伏の少ない、つまらないものだったからかもしれません。

小説家の人生というのは、ただ小説を書き続けるというだけのことですから、単調といえば単調です。

書いている内容はそのつど違います。爽やかな青春小説を書いている時もあれば、難解な宗教小説を書くこともあります。軽いエッセーを書くこともあれば、哲学書みたいなものを書くこともあります。一冊一冊、心をこめて書いていますし、完成した時は、大きな喜びがあるのですが、はたから見れば、十年一日のごとく、何か書いている、というだけのことかもしれません。

世の中の人々は、もっと起伏に富んだ人生を送っているのでしょうか。

一つの企業に就職して、定年まで勤め上げたという人でも、その途上には、人生の転機となるような時が、何回かはあったのかもしれません。

すべて上司から命令されるままに動かなければならないというのではあれば、迷いもないのかもしれませんが、地方への転勤とか、海外赴任の場合、拒否することも可能だという局面がある場合もあるでしょう。

転勤を拒否すれば、出世の道を閉ざされることになるのだとしても、たとえば何か趣味とかボランティアの活動をしていて、地方に行くとその活動が続けられないとか、奥さまにも仕事があって、転勤するなら単身赴任しなければならないなど、給料が上がらなくてもいいから、転勤したくないということもあるはずです。

人生の分岐点に立って、右へ行くか左へ行くかの選択に迫られる。それは人生という長い物語の中の、最も重要な瞬間なのかもしれません。

作家の場合も、最初の作品が世の中に出たあと、勤めを辞めずに長くサラリーマンを続ける人がいます。二足のわらじなどといいますが、勤めを辞めて、筆一本で生活できる作家というものは、実はそれほど多いわけではありません。

わたしの場合は、社会に出て働き始めてから数年後に、勤めを辞めてしまいました。若かったし、勤続年数もわずかだったので、あっさり辞めてしまったのですが、これが四十歳代の中堅社員になっていたら、退職には大きな決断が必要だったと思います。

作家になるというのは特殊な例ですが、勤めている会社を辞めて、自分で起業したいという人もいるでしょうし、大会社を出て、ベンチャー企業に転職するという場合もあるでしょう。

転職を一つのステップアップと考えた場合には、未来にはバラ色の夢が広がっているはずですが、そういう仕事が必ずしもうまくいくとは限らないので、不安もあるでしょう。

転職というのは、一種のギャンブルみたいなものかもしれません。

そのギャンブルに、成功した人もいれば、思うようにいかなかった場合もあるでしょう。

いずれにしても、そういう重大な人生の転機は、《超自分史》の重要な一項目にはなるでしょうが、偉人伝を書くのではないので、成功体験を自慢げに書くのではなく、むしろその当時の迷いや不安といったものに焦点をあてて書くと、あなた自身の人間性がそこに浮き彫りにされるのではないかと思います。

迷いも悩みもなく、やることなすこと、すべてうまくいった人生よりも、迷いながら手探りで歩む人生の方が、はるかに充実したものといえますし、それこそが、人に語る意味のある味わい深い人生なのですから、自信をもって、その迷いや悩みの一つ一つを書いていけばいいのです。

そこで忘れないでいただきたいのは、具体的なイメージをしっかり書き留めるということです。

転職すれば、仕事先の所在地も変わるわけですから、周囲の風景も変わります。

その風景とか、街のたたずまいなどは、あなたの頭の中にはイメージが残っているのでしょうが、そのままでは読者には伝わりません。どんな街並みで、その周囲にどんな風景が広がっていたのかを、具体的に書き留めておきましょう。

それから、悩みや不安を書くということになると、どうしても理屈っぽくなりがちですが、ただの愚痴にならないように、ここでも具体的なイメージを書くようにしましょう。

悩みや不安をかかえて考えこんでいた昔のあなたの姿を、映画にするような感じで、あなたが立っている場所をイメージしてください。

長い一本道を歩きながら考えこんだとか、どこかの喫茶店で、表の人通りを眺めながら考えていたとか、そういったイメージです。

少しやらせっぽくなりますが、心を整理するために、一人で遠出して、海を眺めながら、自分のこれからの人生について、決意を固めた、といった話にすると、読者も悩んでいるあなたの姿をイメージとしてとらえることができます。

そうして心を決めた、その決断を、どんなふうにご家族に伝えたか。

そんなシーンも書き留めておくといいでしょう。

しみじみとした喜び

人生の転機というべき分岐点で、迷い悩んだあとで、決断してよかったと、しみじみと感じる喜びは、より大きな、ずっしりとしたものになるはずです。

しかし中には、決断の結果が、思わしくなかったという人もいるでしょう。早期退職して起業したものの、そのあとが大変で、結局、体をこわしてしまったとか、家族によく相談もしなかったということで、奥さんがいなくなったり、お子さんからも信用されなくなったとか、結果が予想外の方向に進むこともあります。

人生とは、そういうものです。

あの時、ああすればよかった、と後悔するようなことが、いくつもあるというのも、多くの人々に共通した思いだろうと思います。

決断してよかったというしみじみとした喜びと、もっとよりよい選択があったはずだという悔恨、そこには紙一重としかいいようのない、偶然の作用が働いている場合もあるでしょう。

もちろん、もっと努力すればよかった、自分の見通しが甘すぎた、といった思いをおもちの方もあると思いますが、努力さえすれば、すべてがうまくいくとは限りません。努力のしすぎで体を壊したり、家族と不和になるという結果も可能性としてはあるのですし、せっかく努力しても、偶然の働きによってよい結果が出ないということだって、充分にありうるのです。

過去にこだわって、いつまでもくよくよしている人がいますが、わたし自身は、過去にはこだわらないようにしています。もっとがんばれば、流行作家になってお金がどんどん入ってきたかもしれないといった可能性について、ちらっと考えてみることはありますが、仕事が忙しすぎると、わたしはもっとすさんだ人間になっていたかもしれません。

さまざまな偶然と、その場のその場の自分の判断によって、過去のわたしから現在のわたしまで、一本の道をわたしは歩いてきました。その途中で別の道を行けば、現在のわたしはこの世に存在しないことになります。

いまここに、自分がいるということを、わたしは素直に肯定したいと思っています。結局のところ、ほどほどの努力をして、それなりの決断をして、いま自分がいる場所にたどりついたのです。そのことを静かに振り返る。

それが、《超自分史》を書く人の立ち位置だと思います。

後悔するわけではなく、自慢をするわけでもなく、静かにありのままの自分の人生を眺めてみる。

それでいいのではないでしょうか。

人生を静かに振り返るという立ち位置に立てば、人生の一つ一つの局面から生じる喜びや悲しみとは別に、長い人生を生き抜いたという喜びが、じわじわとわいてくるはずです。

中には、自分の人生はつらいことの連続だったとお感じの人もおられることでしょう。そのような人にとっても、その苦しみの多い人生を、ここまで生き抜いてきたという実感はあるはずですし、苦しみが大きければ多いほど、がんばって生き抜いたという充実感と喜びは、より大きくなるのではないでしょうか。

震災や、交通事故に遭遇することなく、病魔にも負けずに、いまも生きている。それはまさに幸運としか言いようのないことです。せいいっぱいの努力や、適切な判断があったとしても、運に見放されれば、どこかで命を失っていたのかもしれないのですから、その幸運に、謙虚に感謝すべきでしょう。

あなたの《超自分史》をしめくくるにあたって、そのしみじみとした、大きな喜びを書き留めておくことも必要です。

人生のラストスパートという段階に入って、自分の人生を振り返り、静かな喜びを感じるというのは、その途上にどれほど多くの苦難があったとしても、幸運で満ち足りた人生であったといえるでしょう。

その喜びを、素直に語ることができれば、その《超自分史》を読む人にも、生きる勇気と喜びを与えることができると思います。

単なる自画自賛の自慢話や、履歴書のような型にはまったただの《自分史》ではなく、読者の胸の奥にまでしみこむような、本物の《超自分史》は、あとわずかで完成というところまでたどりつきました。

必要なことはほぼ語り尽くした気がするのですが、言い残したことがあります。ここまでは、主としてごく平均的な半生を送られた方を対象として語ってきました。けれども読者の中には、もっと大きな人生の危機を体験した方もおられるだろうと思います。そのような人々は、どのようにして自分の半生を振り返ればいいのでしょうか。

次の章では、より大きな人生の危機について考えてみたいと思います。

第七章

病気、リストラ、人生の危機

病による突然の不幸

わたしは病弱な子どもでした。

幼児の頃、長い間、寝たきりの生活を送っていた時期があります。そのせいか、元気になっても、戸外で活発に遊ぶというよりは、部屋の中で本を読んですごすことの多い子どもになりました。その結果、のちに作家になったのかもしれませんから、子どもの頃の病気を恨むつもりはありませんが、いまでも体力には自信がもてないでいます。

長く病床に伏していた幼児の頃の記憶は、いまも胸に刻まれています。現在のわたしは体調に気をつけていますので、おおむね元気に仕事をしています。

自分と同世代の友人知人の中には、病をかかえている人も多いですし、亡くなった友人も一人や二人ではありません。

いま自分が、大きな支障もなく仕事ができているのは、幸運だと考えなければなりません。病気や事故というものは、本人がどんなに気をつけていても、時として襲いかかってくるものです。運命としか言いようがありません。

人生の肝心な時に、病に倒れる。これほど悔しいことはないでしょう。しかし逆に、もしかしたらダメかもしれないと思われた大病と闘い続けて、苦しいリハビリの果てに社会復帰し、何とか人並みの仕事ができるようになったのであれば、その喜びは、あなたの人生の山場といってもいいほど大きなものでしょうし、人に対しても誇れる体験ではないかと思われます。

そのように、よい結果にたどりついた人はいいのですが、病気というものをどこまでも引きずりながら生きなければならない人もいます。

自分の病気だけでなく、配偶者の病気、両親や子どもなど家族の病気が、人生の大半をむしばんでしまうということも、時として起こります。

ある時点までは、人生がうまく前進していたのに、一瞬の事故や災害で、すべてが無に帰してしまうということも起こります。

自分の病気の場合は、いま《超自分史》を書こうという時期まであなたは生きているわけですから、致命的な病気ではなかったのですね。それでも人生の重要な時期を、闘病生活のために費やしたことで、会社でも重要な職務に就くことができなかったとか、やりとげたかった仕事を中断してしまったとか、病気が取り返しのつかない禍根となる場合があります。

親の介護のために働き盛りの時期を棒に振ってしまったとか、配偶者やお子さんの病気のために仕事をやめたり、転職しなければならなかったということもあるでしょう。

そういう人生を送った人は、そのことを避けて《超自分史》を書くわけにはいきません。どんなにつらい過去でも、正面から書き記すしかないのです。

少し前のところで、のど赤き玄鳥《つばくらめ》の話をしました。あれは母を失った歌人の表現について述べたわけですが、あの歌を詠んだ時の斎藤茂吉は、すでに年輩になっていました。母は高齢です。高齢になった親が自分よりも先に逝《ゆ》くのは、自然なことです。

悲しみはありますが、耐えられる悲しみですし、それで自分の人生が大きく変わってしまうものではありません。

しかしもっと大きな悲しみというものが、人生の途上に立ちはだかってくることがあります。

そういう大きな困難に遭遇した時は、ツバメの巣などを眺めている心のゆとりはありません。

自分に襲いかかってきた運命に対して、まともに向き合うしかないのです。

ここでも過剰にセンチメンタルになることは、ある程度は抑制しなければなりませんが、それでも思わず筆に力が入って、感情が高まってきた時は、感情のおもむくままに、悲しみや無念さを表明すべきでしょう。

ただ表現が類型的にならないように、悲しかったとか、無念だった、といった直接的な表現ではなくて、たとえば病気にならなかったら、自分はこんなことをしたかったのだといった、失われた夢を語るのがいいと思います。

病気になるというのは、それ自体は類型的なものです。結核になったとか、狭心症になったとか、脳梗塞になったとか、病名を挙げるだけでは、その病気の症例のどこかに分類されるだけのことです。

失われた夢というのは、人によってさまざまです。夢を語ることで、個性が表現できます。その夢が大きければ大きいほど、あなたの悔恨の大きさ、無念さが読者に伝わるのです。

単身赴任のことなど

単身赴任というのは、日本経済の発展に伴って、大きな問題となったように感じられます。それ以前にも、故郷を離れて遠くの土地に働きに出る人たちは存在しました。

たとえば杜氏《とうじ》と呼ばれる酒造りの職人は、技術をもった専門家ではあるのですが、一種の季節労働者で、酒造りの期間だけ雇われることが多かったようです。雪の多い地方の農民は、冬の間は出稼ぎに出て、必要な技術を身につけて職人として働くしかなかったのです。

日本の高度成長が始まると、大都市やコンビナートでは、建設ラッシュとなりました。多くの農民が出稼ぎ労働者として、故郷を離れて働くようになりました。

しかし単身赴任という言い方をする場合は、こうした出稼ぎ労働者ではなく、大企業に正社員として雇用されている労働者が、地方に赴任している間、単身で生活することを強いられる場合を言うようです。

経済の発展によって、大企業は全国に支店や営業所をもつようになります。本社で採用された社員も、定期的に転勤を命じられることになります。営業所ごとに現地採用された人は、そのままその営業所で定年まで働くということがあったかもしれませんが、管理職を目指す人は、転勤を重ねながら、少しずつ出世していくことになります。

妻が専業主婦で、お子さんが小さい場合は、転勤になれば家族ぐるみで移動するということもあるでしょうが、妻にも仕事があって転職できない場合や、お子さんが名門私立中学に入っていたりすると、転校するわけにいかず、父親だけが単身赴任ということになります。

転勤を楽しむ人もいるでしょう。いろいろな地方に住んで、その地域の神社や寺院を巡るのを楽しみにしている人や、独身の時代に返って、毎日飲み歩いて楽しむ、というような人は、単身赴任していても楽しく暮らすことができるのかもしれません。

子どもの教育とか、しつけとかを、ただわずらわしいと感じているようなお父さんは、単身赴任をむしろ歓迎するようなところがあります。

旅行が好きな人は、赴任先の周囲の観光地をめぐったり、新しい土地での生活をたっぷりと楽しめたのかもしれません。

そういう人は、さまざまな土地での思い出が、貴重な《超自分史》の一ページになることでしょう。

しかし家族を愛する人にとっては、単身赴任という事態は、身を引き裂かれるようにつらい体験だったかもしれません。

人間の生活は家族とともにあります。家族のためにがんばって働くのだというのが、働く人のモチベーションになっていることも多いと思われます。その家族と離れて暮らさなければならないというのでは、何のために働くのか、わからなくなってしまいます。

モチベーションを失い、寂しさや虚しさを感じて、酒におぼれ、体調を崩した人もいるでしょうし、単身赴任がきっかけて、家族との関係がまずくなったということも起こったのではないかと思われます。

何年かの単身赴任から帰ってみると、子どもたちが成長していて、会話の糸口がつかめず、家族からのけものにされてしまったと悔やんだり、妻との間もうまくいかなくなった、というようなケースがあるのかもしれません。

家庭というものは、父親がいて、母親がいて、子どもたちがいる。それが基本です。もちろん何かの事情で、どちらかの親がいないという状況が生じたとしても、子どもはりっぱに育つものですが、何かの拍子に子どもがつまずいてしまうということが、起こらないわけではありません。

とくにお子さんが思春期の、思い迷うことが多い時期に、母親とは別の立場から、父親が忠告したり、時には厳しく叱責するということが、お子さんの支えになることがあります。子どもは父親に反撥しているように見えても、心の中のどこかで、確固とした意見や厳しい指摘を期待し、強い父親に頼りたいという思いを抱いているものです。

そういう大切な時期に、単身赴任のためにお子さんのそばにいてやれなかったということは、もしそこでお子さんの人生が不本意な方向に曲がってしまったのだとしたら、痛恨の事態というしかないでしょう。

もしもあの時期に、転勤を拒否して、子どもといっしょにいられたら、もっと違った展開になったのではないか。そんなふうにお思いの方がいらっしゃるかもしれません。

過ぎたことを悔やんでも、過去が戻ってくるわけではないのですが、自分の人生を振り返り、自分の歴史を書こうとしているのですから、過去について考察することは必要です。考察してどうなるものでもないとお考えかもしれませんが、気持の整理をすることはできます。人生のある部分がうまくいかなかったとしても、それは結果論です。過去に戻って自分の歴史を書き換えることはできません。日本の通常のサラリーマンなら、転勤の辞令を拒否することはできないでしょうし、単身赴任というのもごくふつうのことです。自分を責める必要はないのです。

それがあなたの人生だったということです。事実としての自分の歴史とまともに向き合って、記録する。それが《超自分史》です。

あまり感情的にならずに、起こった出来事を正確に記述していけばいいでしょう。もしもあなたに単身赴任の経験があり、そのことでとりたてて問題が生じることもなく、家庭が円満であったならば、それはとてもラッキーなことだったのかもしれません。もちろんあなたの努力の成果もあるでしょう。たまにご家族と会った時に、最大限の家庭サービスをするとか、電話でお子さんとも頻繁に話をするとか、手紙のやりとりをするとか、そういったことが、よい結果をもたらしたのかもしれません。

とにかくあなたが、単身赴任という、地雷が埋まった場所を通過し、幸いにして地雷を踏まずにすんだということですから、改めてその頃のことを思い起こして、ほっと胸をなでおろしながら、単身赴任の思い出を書き留めておくといいと思います。

想定外のリストラという事件

現在、すでに定年退職をされたような年齢の方なら、人生の半分以上を、高度経済成長の時代にすごされたことだろうと思います。

この本の初めの方で、堺屋太一さんの『団塊の世代』という作品に触れましたが、この作品は一種の予言書で、高度経済成長の時代に影が差すような状況が予想として描かれていました。

日本は終戦直後から、ソビエト連邦などの社会主義国に負けないくらいの統制経済を実施して、国家主導の財政投融資によって、コンビナートを築き、産業を育成してきました。その結果が、高度経済成長に結びついたわけですが、一九七〇年代の始めに起きた、ドルショック、石油ショックというダブルパンチで、経済成長も曲がり角に来るのではないかと懸念されていました。

日本の高度経済成長に加速がついたのは、一ドル三六〇円という為替の固定レートに支えられた面があります。東京オリンピックや大阪万博を実現するほどに、国の経済力が上がっているのに、まだ固定レートのままだったので、日本の乗用車や電気製品はアメリカやヨーロッパに輸出すると、割安に感じられ、日本製品は飛ぶように売れたのです。

しかし七〇年代に入ると、為替レートは経済力に応じて変動されるようになりました。日本製品が売れると、経済力が上がるため、円高となり、製品の価格は上がっていくことになります。以前のように、輸出が加速度的に増大していくということがなくなりました。結果としては、そこで経済成長がストップしてしまうはずでした。

でも実際には、さらに十数年、バブル経済は持続して、実際に経済成長がストップしたのは、九〇年代に入ってからでした。その理由は、大企業が工業用ロボットの導入や徹底した在庫管理などによってコストダウンしたこととか、中小企業の人々が低賃金で働いたとか、いろいろあると言われますが、その大きな理由の一つとして、団塊の世代が内需を支えたということがあります。

団塊の世代と呼ばれる人数の多い世代が、結婚して子育てをする時期にさしかかっていましたから、住宅や乗用車、電気製品の需要がありました。年功序列の賃金体系がまだ維持されていましたから、少し上の世代もうるおっていました。団塊の世代が納める年金の拠出金を、賦課方式にして年金の支払いに使うようになったので、当時の老人たちも豊かな老後をすごせました。

経済に勢いがあったので、学生アルバイトの時給も高く、若者たちも贅沢な生活に慣れていました。すなわち国民のすべてが浪費をして、それが内需になって経済を支えていたのです。

堺屋さんの『団塊の世代』では、中年になった団塊の世代がリストラされ、退職金の代わりにコンビニエンスストアと呼ばれる小さな店をもらって独立させられるといった、暗い未来が描かれていました。このコンビニの普及というのも、堺屋さんならではの見事な予言なのですが、エンジンの止まった飛行機がしばらくはグライダーのように、動力なしで滑空したようなもので、本当にバブルが弾けたのは、団塊の世代が四十歳代後半になってからでした。団塊の世代の高齢化とともに、日本の経済成長も終わりを告げたのです。

そして、リストラが始まりました。

企業の倒産が続出し、倒産を避けるための企業の合併が盛んになり、そうでない企業も生き延びるために従業員を減らしてスリム化するしかありませんでした。狙い撃ちにあったのは、年功序列で高賃金になっていた初老の人々でした。

読者の中にも、勤めていた会社の倒産や、経営悪化によるリストラで、失業を体験した方も少なくないでしょう。

これもまた、運命としかいいようのないものです。わたしたちはたまたまそのような時代に生まれ合わせたのです。

これは個人の失敗とか、企業に責任があるとか、そんなふうに批判することのできない、経済の大きな流れです。もちろん、時代の流れの中でも、業績を伸ばしている企業はいくらでもありますし、リストラに遭遇することもなく定年まで勤め上げたという人も多いはずですから、たまたまリストラを体験した人は、運が悪かったということなのでしょう。

自分が勤めた会社がまさか倒産するとは、誰も思わなかったでしょうし、終身雇用制が広まっていた日本でリストラなどといったことが起こるとは、就職した時点では夢にも思わなかったことでしょう。

想定外のことが起こってしまう。それが人生です。

そうした人生の重大な危機に直面して、人は何を感じ、どのようなことを考えるのでしょうか。これは《超自分史》を書くにあたって、避けて通ることのできないテーマです。

失業しても、つてをたどって何とか別の仕事に就くことができた人もいるでしょうし、研修を受けたり独学で知識を身につけて、まったく違う分野に転職した人もいるでしょう。自営業に転職した人もいれば、早期退職だと思って、実業の世界からは引退した人もいることでしょう。

リストラに遭遇した人は数多いはずですが、その後をどのように生きたかは、個人によって違います。そこに個性というものが浮き彫りになるはずで、個人の歴史を書く意味もそこにあると考えられます。

離婚というつまずき

ここでは離婚について考えてみましょう。

個人の歴史を書く場合、結婚というのは、重要なテーマです。もしかしたら最大のテーマかもしれません。

大半の人が、そのまま長く結婚生活を続け、いまも奥さまと仲良く暮らしているのでしょうが、そうでない人もいます。

アメリカ映画を見ると、離婚というのはごくふつうの出来事のようですね。離婚後の子どもの扱いについても契約が定められていて、子どもが離れて暮らしている方の親を時々訪ねるといった光景が映画の中に出てきます。日本の若い世代も、しだいにアメリカふうの価値観の影響を受けて、離婚する人が増えてきているようですが、現在の高齢者の場合はどうでしょうか。

ひところ、熟年離婚といった言葉が流行したことがありました。

夫の退職後の年金の半分は、専業主婦の配偶者にも権利があるということになり、急速に高齢者の離婚が増えるのではないかと懸念された時期もありましたが、いまのところ、離婚率が急に上がったという話は聞こえてきません。

それにしても、どうして世の中に、離婚などというものが存在するのでしょうか。わたしは離婚したことがありませんし、離婚したいと思ったこともないので、そのあたりの事情については、よくわかりません。

夫の方が浮気をするというのが、昔の離婚でしたが、それは夫婦がまだ若くて元気だった頃の話で、熟年離婚では、妻の方が夫に見切りをつけて離婚を申し出るケースが多いようです。

自分の意志で離婚を決意した人の場合は、そこからまた別の人生が展開されるのだと、積極的な気持になれるのでしょうが、離婚する気持などまったくなかったのに、配偶者の方から離婚を求められたという場合は、驚きと同時に、自分はそれほど信頼されていなかったのかと、ショックを受けることになります。

配偶者というのは、最も親しい他者です。円満な夫婦というものは、とくに言葉を交わす必要もなく、穏やかな親しみの中で、互いをいたわりあって生活しているものですが、離婚するとなると、相手を非難したり、自分の心情をストレートにぶつけあって、これまでの生活を反省することになります。

それはある意味では、貴重な体験です。最も身近にいた人から、批判の言葉を投げかけられて、その場では感情的な反撥を感じたとしても、あとになってその批判をしみじみと振返ってみれば、思い当たることがあるなと感じるといったことがあるのかもしれません。

離婚の原因でいちばん多いのは、性格の不一致というものでしょうが、そんなものがないだろうということで結婚したわけですから、離婚に到ったというのは、結婚前の時点でのお互いの見通しに甘さがあったということでしょう。

しかし長くいっしょに生活しているうちに、少しずつわかってくるところもあるはずです。ともに生活していた夫婦が離婚に到るというのは、他人にはわからないその人物の本質的なものが見えてきた結果だということもできるでしょう。

離婚にまつわる経緯で、相手からもたらされた批判の言葉を、充分に吟味しながら、自分とはどういう人物なのかということを、じっくりと考えてみる。そういう意味では、離婚というのは、自分というものについて考え直すいい機会なのです。

もちろん、離婚というのは、人生の通過点にすぎません。仕事の場を失ってしまうリストラとは違って、離婚をしても、そこで人生が閉ざされてしまうわけではないのです。とはいえ、人間にとって、仕事を離れた個人生活というのは大切なものです。その生活の支えとなっていた配偶者と別れなければならないというのは、一つの大きなつまずきといえるのかもしれません。

そのつまずきを乗り越えて、その後に、どんな人生が展開したのかということも、読者にとっては、興味がもたれるところです。当時の具体的な場面や、いつわらざる心境といったものを、一つ一つ思い起こして、印象的なエピソードに仕上げていただければと思います。

ところで、離婚などとは無縁の夫婦といえども、長い人生の中には、一度や二度の危機があったのではないかと思います。そういうことも思い出して、どんなふうにその危機を乗り越えたのかを、詳細に書いておくと、人生の指南書としても価値のあるものになるのではないでしょうか。

離婚というのは、悲しい別れですが、もっと悲しい別離があります。

配偶者との死別です。

これも運命としか言いようのない事態ですが、いつか必ず、通過しなければならない人生の一つの重要ポイントです。

すでに配偶者を亡くされて、一人きりで人生を振り返るのであれば、その別離は、《超自分史》の最大のドラマだといえるのかもしれません。

あまりにも悲しすぎて、とても文章では表現できないとお思いの方も多いだろうと思われますが、少し時間が経過すれば、さまざまな思い出がよみがえってきて、書かずにはいられないという気持になることもあるでしょう。

その日のために、いまから一つ二つと、メモを書き始めてはいかがでしょうか。

定年後の虚脱感

日本人は、働くことが好きだと言われています。

日本には「いそしむ」という素晴らしい言葉があります。嬉しさに心が弾んでいるさまを「いそいそ」というくらいで、この言葉には喜びの気持がこめられています。「心をこめて努力する」とか、「喜びをもって働く」というのが、「いそしむ」ということでしょう。

働くことが喜びだというのは、日本人に特有の価値観かもしれません。

とくにバブルが崩壊するまでの日本の企業は、昔の村社会と同じような、一種の共同体のような雰囲気をもっていました。社宅があり、保養所などもあって、家族ぐるみで会社が従業員の生活を支えてくれました。会社のお祭とか、慰安旅行といったものもあって、会社を楽しいところだと感じていた人も多いことでしょう。

会社には、上司や部下、同僚などの人間関係があります。仲間であり、友人です。

仕事熱心な人ほど、会社の仲間だけが友人であり、会社を離れてしまうと、友人がほとんどいないという人も少なくないのではないかと思われます。

そういう人が定年で会社から離れてしまうと、友だちがいないということになってしまいます。

若い頃から、熱中できる趣味があったり、ボランティア活動に打ち込んでいたり、会社以外に生きがいがあって、会社というのはただお金を稼ぐだけのところと割り切っている人ならば、定年で年金暮らしになるのは大歓迎でしょうが、会社で働くことが生きがいだったという人は、定年になった途端に、生きがいを失って、何をしたらいいかわからないという状態になってしまいます。

何もすることがないから、《超自分史》を書いてみよう、というのでしたら、それは健全な発想です。どうか《超自分史》を書くことを生きがいにしてください。まず一冊をまとめてみる。それで手応えを得たら、第2巻、第3巻と、続篇を書かれればいいと思います。

《超自分史》を書くというのは、単なるひまつぶしではありません。過去の自分と向き合うということは、現在の自分を相対化することになります。頭が活性化して、老人ボケの防止になりますし、高齢化によって頑固になっている自分を、新たな視線から眺めることによって、反省のきっかけを作ることにもなります。

やたらと頑固で家族にも嫌われていた老人が、いつの間にか、誰からも愛され、時には尊敬される長老に変身する。《超自分史》はそんな夢のような生活改善をもたらしてくれるかもしれません。

あなたが《超自分史》に取り組むことは、奥さまを元気にすることにもなります。

実はあなたの奥さまは、あなたのことを大変に心配されておられるのではないかと思います。

定年になっても、新たな人生を意欲的に始めるわけではなく、ずっと家の中でごろごろしている。粗大ゴミとか、濡れ落ち葉とか、ミノムシ亭主（昼過ぎになってもパジャマのままで毛布をまとってテレビを見ている形状がミノムシに似ている）などと呼ばれて、家族に嫌われていることも知らずに、無気力な姿をさらけ出し、それでいて「めしはまだか」とか、「おーい、お茶」などと妻に命令する。

これはまことに困った存在です。奥さまにとって、手間がかかるというだけではありません。未来に対して何の意欲もない人間というのは、はたから見ていても寂しいものです。この人はいったいこれからどうなってしまうのかと、ご主人のことを大切に思っている奥さまほど、心を痛めておられることと思います。

そのような心労から、「亭主在宅症候群」と呼ばれる病気になる人も増えているようです。正式な病名は、「主人在宅ストレス症候群」というのですが、文字どおり、定年退職されたご主人が、毎日、ずっと自宅にいることから生じるストレスから、高血圧や目まい、胃腸障害などの症状が出る病気です。

早朝に出社し、深夜に帰宅する。週末でも接待ゴルフとか、出張とかで、仕事に出ることが多い。それが日本の典型的なサラリーマンです。「亭主丈夫で留守がいい」というのが、理想の夫の姿でした。

専業主婦の奥さまにとっては、自宅というのは、自分の城です。そこにご近所の奥さまを招いて、おしゃべりをする。そこを拠点としてボランティア活動をしたり、趣味の会を開いたり、内職をする。そうやって、奥さまはご自身の人間関係を築いて来られたのですし、それが生きがいでもあったのだろうと思われます。

その奥さまの城に、定年退職したご主人が、毎日存在して、将来に何の展望もなく、いつもごろごろして、「めしはまだか」と要求するというのであれば、奥さまが絶望のあまり、ウツ状態になるのも無理はないのです。

生活を改善しましょう。まず朝起きたら、パジャマを脱いで、こざっぱりした普段着に着替えましょう。ヒゲもちゃんとそりましょう。それから、お茶の間にあるテレビは、奥さまのものだと考えましょう。お茶の間そのものが奥さまの城なのですから、遠慮をして、近くの図書館にでも出向くといいのです。

社会人になったお子さんが、まだ自宅から通勤しているというのであれば、追い出して、その部屋を書斎に改装しましょう。パソコンなどもその部屋で使えるようにしておけば、お茶の間にいる奥さまの目の前から、姿を消すことができます。

そして、《超自分史》を執筆する。

それが奥さまの健康の支えにもなるのです。

第八章

人生についていま思うこと

いよいよ最後のまとめ

この本の最後の章になりました。

ここまでお話ししてきたことで、わたしの提案はほぼ尽きているのですが、最後に、一冊の本にまとめるにあたっての注意点をいくつか挙げておきましょう。

本を一冊作るという場合は、一冊の本として適当な文字数というものがあります。新書サイズなどの本なら、四百字詰原稿用紙で二百五十枚くらいが適当とされていますが、ふつうの単行本の場合は三百枚から四百枚というのが、基準になります。ちなみにこの本は三百枚を目標として書いてきました。

この四百字詰原稿用紙というのは一種の目安にすぎません。この文章はワープロで書いています。プリントした時に縦40字、横30行になるように設定していますので、1ページには四百字詰原稿用紙で3枚分が入ることになります。ちなみにこの本も見開き2ページが原稿用紙3枚分くらいです。

これが小説ですと、短いセリフのやりとりが続くと改行が多くなり、目算が狂うことも多くなるのですが、《超自分史》は小説ではないので、この目安で枚数を計算すれば、およその枚数がわかります。

三百枚の原稿に仕上げるためには、百ページほど書けばいいということですね。

さて、これまでのわたしの話をお聞きになって、子どもの頃の思い出から、青春時代、社会に出てからのさまざまな状況を、詳細に、具体的に、イメージ豊かに書くということを、すでにお始めになっている方もおられることと思います。

お書きになった原稿の枚数をざっと数えてみましょう。

それで三百枚以上になっていれば、すぐにも本が出せます。

少ないということであれば、もっと記憶を呼び覚まして、枚数を増やすか、あるいは新書サイズとか、うすいパンフレットのようなものを出して、友人知人に配って読んでいただくということでもいいと思います。

短歌や俳句のたしなみのある方なら、作品と文章を混ぜて一冊にすることもできますし、写真を入れれば枚数の不足を補うことができます。

問題は、量が多すぎる場合です。

子どもの頃の思い出だけで一冊、青春時代で一冊というふうに、何冊も本を出すということであれば、問題は解消されるわけですが、《超自分史》というからには、子どもの頃から現在までで、一冊にまとめたいとお考えの方もおられることでしょう。

枚数が多すぎて一冊に収まりきれないという場合は、取捨選択ということが必要です。

これはある意味で簡単です。

自分で読み返して、面白いと思ったもの、改めて読んで涙せずにはいられないと感じたものなど、自分の感性のままに選んでいけばいいのです。

ただ自分が読んで面白いと思うところと、読者が読んで面白いと思うところとの間に、微妙な違いがあることは、念頭に置いておくべきでしょう。

ふつうの本なら、どんな読者が読んでくれるかもわからないわけですから、読者がどう感じるかなど、予測をすることは困難です。しかし自費出版の場合でしたら、自分の友人知人に配布するわけですから、読者の顔を具体的に思いうかべることができます。ここのところを、あの人ならば喜んでくれるとか、いっしょになって悲しんでくれるとか、読者がシンパシーをもってくれそうなところを、予想することができます。

とくに配偶者やご家族の反応は、あれこれと思いうかぶことでしょう。

場合によっては、若い人に読んでもらうには説明不足のところがあったと気づくこともあるでしょうし、身内でない人に読んでもらうには配慮が必要だと感じられることもあるでしょう。

そういうところを補修するために書き足していくと、どんどん長くなってしまうということもあります。

どんなに書き足しても、どうしても読者には伝わらないという気がして、この部分はすっぱりと省略した方がいいと感じられることもあるでしょう。下手な説明をするくらいなら、誤解を受けそうなところはすべて削除するというくらいの決断が必要です。

せっかく書いた文章を削るというのは、いかにも残念なことで、決断には勇気が必要なのですが、思いきって削ってしまいましょう。

単なる自慢話といったものは、削った方がいいでしょうね。

確かに長い年月を生きてきて、どうしても自慢したいということが、いくつかあるというのは当然です。そういうところは残しておくべきですが、自慢話ばかりが羅列されているというのであれば、読者が引いてしまいます。

どうしても自慢したいところを読者に印象づけるためにも、それ以外のつまらない自慢話は、少し刈り込んだ方がいいかもしれません。

それから、内容が同じでも、語り口によって印象が変わる場合があります。いかにも自慢げな口調で自慢ばかり続けるのではなく、抑え気味に事実だけを書くというふうにすれば、読者もちゃんと読んでくれるだろうと思います。

逆に失敗談を書く場合も、くどくどと悔恨の心情を書くと、愚痴っぽくなってしまいます。わたしはこれまでも、センチメンタルにならないように、余計な解釈はつけずに、ありのままの事実だけを書くようにと語ってきましたが、読み返して、センチメンタルな表現や、理屈っぽい部分を削っていけば、全体を短めに刈り込んでいくことができます。

改めて半生を振り返る

全体の分量を調節しながら、自分の文章をたどっているうちに、改めてこれまでの半生についての、感慨のようなものがわいてくるということもあるのではないでしょうか。

《超自分史》を書くというのは、自分自身を見つめ直す試みです。

本にして出版するというのは、その結果にすぎません。結果としての本よりも、本を書いている過程に大きな意味があるのだとわたしは考えています。そこには書く喜びがあり、また自分の書いたものを読み返す喜びがあるのです。

そこから湧き上がってくる感慨は、あなただけのものです。

《超自分史》の仕上げてとして、その感慨を最後に書き留めておきましょう。

自分の半生について、記憶の糸をたぐりながら、一人の人間の生い立ちから晩年までを書き留めていくと、一つの長大な物語が出来上がります。

それは自分が主人公の物語のはずですが、文字にしてしまうと、自分とは別個の人物の物語のように気がすることもあるでしょう。

ただ自分の記憶の中だけにあった過去と比べて、文字で記された過去は、より客観的で、自分との間の距離が広がった歴史だと感じられるはずです。

これこそが、《超自分史》を書くことの、本当の意義ではないかと、わたしは考えています。

そこからわきだしてくる感慨こそは、書き手のあなた自身の見識や、これまでの人生経験のすべてが凝縮したものになるはずですから、じっくりと執筆してください。

ただし、《超自分史》を書いたからといって、それで人生が終わってしまうわけではありません。たとえば定年というのを一つの区切りとして、自分の歴史を書くというのであれば、自分の会社での仕事と、家族などプライベートな領域での体験を、ここでまとめておくことには意義があります。

しかし人生はこれからも長く続きます。

ここからが新しい人生の始まりだということもできます。

ここまでの人生に区切りをつけ、新しい人生の出発点で、一種の決意表明をする。それが《超自分史》のしめくくりになるのかもしれません。

江戸時代の商店主などは、遊芸というものを大切にしていました。大道芸や芝居のような、ただ観客として見るだけの芸ではなく、自分も参加できるような芸術を遊芸と呼びます。

『万葉集』に歌を寄せている人は、柿本人麻呂のような専門の歌人ばかりではありません。むしろほとんどの作品は、一般の人が詠んだものです。

短歌や、その短歌をさらに短くした俳句は、誰もが参加できる文芸として発展しました。

室町時代に発展した能は、将軍自らが演じました。その能の中の一場面を簡略に歌い踊れるようにしたのが幸若舞です。本能寺で明智光秀の襲撃を受けた織田信長が、幸若舞を歌い踊りながら最期を迎えた場面は、現在にまで語り継がれています。

江戸時代に発展したのは歌舞伎です。江戸の人々は、ただ舞台を見るだけでなく、日本舞踊を自分でも踊り、また義太夫を自分でも歌いました。小唄や端唄、地唄舞など、素人が参加しやすいように発展した芸能が、現代にまで伝えられています。

茶道や華道も、誰でも参加できる芸術として発展しました。こういう伝統的な遊芸は、家元制度などによって支えられてきたのですが、現在ではカルチャーセンターなどでも気軽に学べるようになっています。

《超自分史》を書き上げたことを一つの契機として、新たな人生を始めることにしてはいかがでしょうか。

この種の遊芸の中には、名取りと称して、新たな名前を師匠から贈られるシステムをもったものがあります。俳句の場合も、俳号という新しい名前を用います。

金儲けなどの人生に区切りをつけて、新たな名前で、もう一つの人生を始める。それが江戸時代の人々の人生観だったのです。

旅をすることを晩年の楽しみにする人もいます。神社仏閣をめぐって、旅行記を書くのもいいでしょう。鉄道路線を乗りつぶしたり、各地の郷土史を調べたり、神話や伝承の調査研究をしたり、風景写真を撮ってホームページに公開したり、新たな目標を設定して、前向きに生きることが、あなたのこれからの人生を輝かしいものにするのですし、それこそが、本当に人間らしい生き方だといえるのではないでしょうか。

《超自分史》を書くというのは、人生のゴール地点で自分の人生を振り返るというのではなく、むしろマラソンの折り返し地点のようなところで、自分の半生、つまり文字通りの半分だけの人生を、自分なりにまとめ、総括した上で、折り返し点から先の、これからの人生に臨む、新たなスタートラインに立つということなのです。

従って、《超自分史》のまとめとなる感慨といったものも、この本を書き終えたら、バッタリと死んでしまうというようなものではなく、一つの人生が終わり、これからまた新たな青春時代が始まるのだといった意気込みが入っていればと思います。

短歌や俳句にも興味はないし、旅をするのも気が進まない、という人は、無理に新たな趣味を見つける必要はありません。

《超自分史》を出したあとは、第2巻に挑戦してもいいのです。本にまとめるにあたって、割愛してしまったエピソードを、新ためて書き直して、面白い話に仕立て直すこともできますし、本を出したあとで、新たに思い出したことや、まだまだ書き足りないことがあるといった思いがわいてくれば、次々と本を出すということがあってもいいのです。

そんなふうにして、書くことが楽しくなれば、少し工夫をして、洒脱なエッセーといった感じのものにしたり、少しフィクションをまじえて小説仕立てにしたり、あるいは日本文学の伝統の一つである私小説といったものに挑戦してみてもいいと思います。

本当の自分とは何だったのか

いよいよこの本もゴールが見えてきました。

最後に皆さんに、お話ししたいことがあります。これはわたしの個人的な感想なので、人によっては違うかもしれません。

わたしは小説を書くことを仕事として、長く生きてきました。流行作家ではありませんので、お金が儲かるというわけではないのですが、家族を支えるくらいの収入が得られる仕事は持続的に続けてきました。

ただし、小説ばかりを書いてきたわけではありません。わたしが書く小説は、読者を楽しませるというよりは、自分に何が書けるかという、わたし自身の興味のおもむくままに試みているもので、それなりに心をこめて書いてはいるのですが、ベストセラーになるようなものではありません。要するに、売れないのですね。

売れないものばかり書いていると、仕事の注文が来なくなります。注文のない小説家は、ただの失業者です。それでは生活できませんから、他の仕事もします。新書のようなものは、テーマによっては、多くの読者を得ることができます。わたしがもっている知識の一部を切り売りするわけですね。これもわたしの仕事ですから、求めに応じて本を出し続けていますが、時として、気持が乗らないこともあります。

気持が乗っていないけれども、編集者との約束があるので、書かないわけにはいきません。自分のやっている仕事に気持が乗っていないと、わたしの心の中で、分裂が起こります。仕事が負担になるということですね。こんなことはやりたくないと心の中では思っているのに、仕事だからやらないといけない。

皆さんにも、覚えがあることではないでしょうか。

仕事というものは、つねにいそいそと取り組めるものではありません。慣れた仕事で、仲間にも恵まれていれば、仕事をすることが楽しいということもあるでしょうが、体調が万全でなかったり、人間関係につまずいたりすると、仕事をつらいと感じることもあるでしょう。つらいと思いながらも、がまんして仕事を続ける。そういう時に、仕事をやり続ける表面の部分と、その人の心の内部とは、分裂状態になっています。

この分裂が激しくなれば、ストレスとなり、会社を辞めたくなります。会社を辞めたいのに、がまんを続けていると、病気になることもあります。

定年まで勤め上げたという人は、多少のがまんをしながら、病気にもならずに、何とか仕事をやり遂げたということでしょう。

仕事にはストレスがつきまといます。そのことを無視して、自分にはそんなストレスなどなかったといった姿勢で《超自分史》を仕上げてしまうと、それは自慢話めいてしまいますし、どことなく嘘っぽい感じがしてしまいます。

逆に、自分の人生はストレスだらけだった、といったことを書いてしまうと、全体が暗くなりますし、愚痴っぽくなります。

嘘っぽくならないように、それでいて愚痴っぽくもないないように書く。これはバランスの問題です。多少のストレスがあるというのは、いわばホンネの部分です。そのホンネを、愚痴にならない程度に、ほんの少し、ささやくように書き留めておく。そのさじかげんが難しいのですが、暗くならないように、隠し味といった程度で、ピリッと辛みを利かせておくと、奥の深い感じの《超自分史》に仕上がります。

このホンネの部分がどの程度になっているかは、自分の書いた文章を読み返し、調整するしかありません。

ホンネといえば、家族の中でも、お父さんにはホンネみたいなものがあるかもしれません。母親には母性本能みたいなものがあるはずですが、父親の場合は、人によっては、子どもというものにさほどの愛情がもてない場合があります。

むしろ、父親は子どもの支えになってやらないといけないという、観念的な責任感だけで、がんばって仕事を続けてきた、という人が多いのではないでしょうか。

男は家庭で、父親という役割を演じることを、義務として負わされています。でもホンネを言えば、父親というのは、ちょっとつらい立場です。

会社ではよき社員、家庭ではよき父親を演じる。

何十年にもわたって、ずいぶんつらいことを続けてきたなと、改めてためいきをつきたくなる人もいるのではないでしょうか。

そのためいきみたいなものを、気配として忍ばせておけば、あなたの《超自分史》に、読者の胸をグサッと突き刺すような仕掛けを施すことができるはずです。

こんなふうに、自分のホンネといったものを改めて確認して、本当の自分とはどんなものだったのかを考え、自らの半生を総括するというのも、《超自分史》を書くことの大きな効用だろうと思われます。

この世に生を受けたことの不思議

《超自分史》の執筆が進んでいくと、長い時間、《自分》というものと向き合うことになります。

おそらく人は青春時代にも、《自分》というものについて真剣に考えるはずですが、晩年になって改めて《自分》について考えるというのは、言ってみれば、《第二の青春》といった時期なのだろうと思います。

半生を振り返り、総括した上で、残された時間を、本当の自分というものを求めながら生きる。

その契機となるのが《超自分史》です。

考えてみれば、《自分》というものがこの世に生まれ、何十年という年月を生きてきたというのは、不思議なことです。

なぜこの国のこの時代に生まれたのか。

知性をもった人間としてこの世に生を受けたことは、宿命としか言いようのないことです。人によっては苦しいことの方が多かったとお感じかもしれませんが、それでもここまで生きて来られたということは、何かに手を合わせて感謝したくなるような、幸運なことだったのではないでしょうか。

そう思って改めて自分の人生を振り返れば、一つ一つの場面が、後光が射しているような輝かしいものに感じられるはずです。

ほんのささやかな出来事でも、自分にとっては大切な思い出です。

そのイメージと、その時の喜びや、胸の痛みを、記憶し、いまもなまなましく感じることができるのは、あなた一人のはずなのですが、それを文章にして書き記せば、その貴重な一つの場面を、読者と共有することができます。

わたしたちは小説を読んだり、映画やドラマを見たり、報道番組でニュースを受け取ることによって、この世にはさまざまな人間がいて、いろいろな生き方があるということを知っています。

時には、ドラマやニュースの中の人物の生き方に触れて、心を痛めたり、感動したりすることがあります。

そんなふうに他人の生き方に心をふるわせることができるのが、人間という生き物に与えられた特権ではないでしょうか。

さまざまな人々の生き方に感動できれば、人生を何倍にも楽しむことができます。

戦国時代の武将や、幕末の志士たちの活躍に胸を躍らせたり、スポーツのヒーローやヒロインの勝利の喜びに共感したり、あるいは友人知人の不幸に胸を痛めたり、そうやって他人に関心をもつことによって、自らの感性がより繊細になり、人生を深く楽しむことができるようになるのです。

今度はあなたの番です。あんたの人生の喜びや悲しみを、読者に伝える。そのことによって、あなたの胸の痛みや、心の底からの感動が、他人に伝わっていきます。

あなたの人生の希望や、挫折や、哀感や、しみじみとした満足感が、読者に伝わっていきます。

《超自分史》を書くということは、あなたの胸の中だけにあった記憶や思いが、身近な人々に伝わっていき、やがては社会に広がっていくということを意味します。

あまたある命をもった動物たちの中でも、人間だけが、他人の心の痛みを感じとったり、思いやりをもつことができるのです。

そして、人間の中でも、意欲をもった限られた人々だけが、自ら文章を書き、自分の思いを他人に向けて、つまりは社会に向けて発信することができるのです。

いままでは受け手だけの立場であった人が、社会に向けて発信する側に回る。

《超自分史》を書くことによって、その人の人生は、百八十度の転換をすることになります。

この本のここのところを読んでおられるあなたは、もう何だかわくわくするような気分になっていることと思います。

文章を書き、本を出すというのは、特別の行為です。

電話で誰かと話したり、ご近所の人と立ち話をするのとは違って、不特定多数の人々に向かって、あなたの思いを発信するのです。

あなたの人生は、あなただけのものです。それはあなたの記憶の中にあります。それを言葉に書き記すということは、ただ記憶を再現するだけではなく、埋もれていた記憶を発掘し、そこに現在のあなたの感性や見識によって、表現を与え、全体を一冊にまとめるわけですから、まったく新たな人物の物語を創作することだと考えることもできます。

そこに描かれたあなたは、あなた自身とは少し違った、もう一人のあなたなのかもしれません。

そのもう一人のあなたとの出会いの場、それが《超自分史》なのです。

最後の仕上げとしての《まえがき》

わたしは小説家ですから、小説を書きます。

小説を書く場合に最も気を配らなければならないのは、エンディングです。

結末をどう書くか。それで小説の成否が決まってしまう場合もあります。主人公やヒロインが、ハッピーエンドになるのかどうか。意外などんでんがえしがあるのか。ちょっとにがい終わり方になるのか。そういうストーリーの流れとともに、鮮やかな語り口とか、印象的なイメージで作品を終えることができれば、会心の作ということになります。

しかし《超自分史》の場合は、フィクションではありません。物語の結末に嘘を書くわけにもいきませんから、本の最後は、その本を書いている現在の自分に到達して終わるということになります。

長い人生があって、その最後に、自分の人生を《超自分史》という形で残しておきたいという気持になった。

その経緯が自然に書かれていればいいと思うのですが、何十年もの年月を一気に語ってきた緊張感が、最後になってゆるんでしまうおそれもありますから、そこのところは注意してください。

うまいやり方があります。

映画などでよくとられる手法なのですが、物語の結末を最初にもってくるという手法です。わたしがこの手法に最初に出会ったのは、小学校一年生の時でした。母親に連れられて行った近所の映画館で（テレビのない時代には近所の映画館によく行ったものです）、木下恵介監督の『野菊の如き君なりき』という映画を見ることになりました。

この映画では最初に老人が登場して、物語の舞台となる矢切の渡しを船で渡っていく場面が描かれます。晩年になった主人公が生まれ故郷を訪ねるという設定です。どうでもいいことですが、この老人を演じていたのは、あの『男はつらいよフーテンの寅』のシリーズで柴又帝釈天の御前様を演じていた笠智衆《りゅうちしゅう》でした。笠智衆はわたしが幼い子どもだった頃から、ずっと老人を演じ続けていたのです。

映画そのものは、笠智衆が主役ではありません。最初に笠智衆が演じていた老人の少年時代の物語が回想として語られることになります。旧家の次男として生まれた主人公が、家に手伝いに来ていた二歳年上の分家の娘にほのかな思慕の情をもつという、純愛物語が展開されます。

ここで指摘しておきたいのは、最初に笠智衆が演じる老人を出しておくことで、その後に展開される少年と少女の純愛物語に、相対的な視点が与えられるということです。

純愛物語だけがあると、この二人はいったいどうなってしまうのかという、物語の展開だけに興味が集中してしまいます。

しかし最初に老人が出てきて、すべてはその老人の回想なのだと観客に示しておくことで、画面で展開される少年と少女の恋は、すでに終わってしまった物語だということが、あらかじめ示されているのですね。どんな結末になるにしろ、その物語は、何十年も前のことなのだと思えば、観客も冷静な気分で物語に接することができます。

それでも老人になった主人公にとっては、青春時代の懐かしい思い出です。初恋の相手となった年上の従姉だけでなく、故郷の風景の一つ一つが、懐かしくよみがえってくるのですから、ストーリーを追うだけでなく、画面に映し出される何気ない風景にも目をとめ、じっくりと味わう必要がある。

そのことを示すために、最初に老人が登場するのですね。

これは《超自分史》を書く上でも、参考にすべき手法だと思われます。

話は簡単です。《超自分史》の巻頭に、《まえがき》とか《プロローグ》といったものを置けばいいのです。

最初に、《超自分史》を書いている人物が登場して、リアルタイムで読者に語りかけます。映画と違って、本の場合は語り手の顔が見えませんから、その《まえがき》の部分では、簡単な自己紹介をしておくのもいいでしょう。

気をつけてください。そこで履歴書みたいに、有名大学の出身だとか、会社員だった頃の肩書きを羅列しないでください。

そうではなくて、いまは定年になって社会から離れているあなたの日常の一コマを書いてください。

奥さまに先立たれて、自分で手料理を作りながら、趣味の園芸に精を出しているとか、孫娘の世話になりながら悠々自適の暮らしを送っているとか、故郷の実家に戻って趣味で農業をやっているとか、そういった日々の日常のようなものを示してから、ふと自分の過去のことを考えてみる。

偉人伝で書かれるような生涯ではないけれども、それなりに楽しい人生だったたな、といった感慨をさりげなく書いたり、苦しいことの連続だったが、がんばって今日まで生き続けてきたことを誇りに思うとか、そういった感慨をしみじみと語ることができるのは、高齢者の特権でしょう。

この物語を誰が語っているのかということを最初に語っておくのは、大切なことです。書き手の人柄や、どんな人生だったのかといった、プロフィルと呼ばれるものがわかっていると、読者もイメージがもちやすいですし、身を入れて話を聞くことができます。

本を書く場合に、実際に本として編集されたエピソードを、そのまま順番に書くというのは、書き手にとっても読者にとっても、一定の流れができるので、とても大切なことではあるのですが、《まえがき》や《プロローグ》については、全体を書き終えてから書いた方がいいように思われます。

いきなり《まえがき》から書き始めると（わたしのこの本はそうなのですが）、実際にどんな本になるのか、書き手にもよくわかっていないわけですね。すると何を語るにしても、書き手には不安がありますし、手探りで言葉を綴ることになります。その方がスリルがあって面白いので、プロの作家はそういう手法をとることも多いのですが、《超自分史》の場合は、文章を書くことに不慣れな書き手が多いでしょうから、手探りで書こうとすると、文章の流れが揺れ動くことになります。

《超自分史》は小説ではありませんから、ストーリーといったものを考える必要はありません。子どもの頃のことから、順番に、記憶の断片みたいなものを書き留めていくだけで、あなたの人生が描かれることになります。

でもどんな記憶がよみがえってくるかは、書き始めの段階では、あなた自身にもわかっていないことが多いのです。

一つ一つ、過去の断片的な記憶をたどっているうちに、自分でも忘れていた記憶がよみがえってきます。

書くことによって、あなたはあなたの人生を、もう一度、たどり直すことになるのです。そして一定の時間をかけて、一冊の本を書き終えれば、書き始めの段階では、形も定かではなかったあなたの半生が、明確な一つの物語として、あなたの目の前によみがえることになります。

それは本当の自分といってもいいし、もう一人の自分といってもいいのですが、あなた自身によって客観的に見つめ直された《自分》というものが、そこに描かれているのです。その新たな《自分》と出会うことによって、あなたはいわば、一歩先に進むことになります。

何が何やらわけもわからず、とにかく生きてきた、という状態から、いろいろなことがあったけれども、静かに振り返ってみれば、自分とはこういう人間だったのだな、といった、《自分》というものの輪郭が見えてくる。

その段階で、《まえがき》や《プロローグ》を書けば、あなたはすでに、自分とは何かがわかった、見識をもった書き手になっているのですから、読者に向けて、自信をもってメッセージを発することができます。

そこで書かれる《まえがき》こそは、あなたの人生の、精髄（エッセンス）とでもいうべきものになるはずです。

それがあなたの《超自分史》の、最後の仕上げです。

《あとがき》について

どうでしょうか。この本を読んだだけで、まだ何も書いていないのだけれども、《超自分史》を書くという作業は、楽しいものになりそうだなという気がしてきたのではないでしょうか。

最後に、《あとがき》についても書いておきましょう。

重要なのは《まえがき》です。《まえがき》さえつけておけば、あとは幼児の頃の記憶から語り始めて、書かれている物語の時間が、《超自分史》を書いているいまの時点に到達すれば、そこで筆を置けばいいのです。

あるいは定年退職とか、子どもの独立とか、何かを成し遂げたと感じた時点で、話を終わってしまってもいいでしょう。それから先はまた、第二巻に書くといった余韻を残しておくのもいいと思います。

ですから、《あとがき》といったものは必要ないのですが、本を出す場合には、執筆とは別の経緯がありますから、そのことだけを簡潔に記しておけばいいと思います。

あなたはパソコンをお使いでしょうか。

ワープロで文章をお書きなら、その文章をホームページにアップするだけでも、《超自分史》を公表できるのですが、紙の本にしたいということであれば、いまは多くの出版社が自費出版を手がけていますから、電話やメールで問い合わせれば、担当者が対応してくれるはずです。

ある程度の資金は必要です。発行する部数にもよりますが、制作費を部数で割った金額が、一冊あたりの費用ということになります。

通常の出版の場合は、これに本屋さんや取次の取り分と、作者の印税を案分して定価を設定することになります。本が売れないと出版社は赤字になります。しかし自費出版の場合は、書き手がほとんどの本を自分で買い取ることになりますから、出版社は赤字になることはありません。最近、自費出版を手がける出版社が増えているのはそのためです。

大手の出版社が手がける場合は、印刷した本の一部を取次を通じて書店に置いてもらう場合もありますが、置くだけで本が売れるわけではないので、あまり期待しない方がいいでしょう。

要するに、出した本を書き手が買い取って、友人知人に配る。

それだけの費用を負担できればいいのです。

あなたがもし、社会的な地位があり、自分に恩義を感じている知人が大勢いるはずだとお思いなら、出版記念パーティーのようなものを開かれるといいと思います。会費をとって、友人知人に集まってもらい、お土産にその本をお配りする。飲食代に本の定価をプラスした金額を会費とすれば、そのパーティーに来てくれた人数分だけは、本が売れたことになります。

本の内容によっては、友人知人でなくても読んでいただける場合があります。たとえばあなたが、電車の運転手さんだったりすれば、その仕事の細部を書けば、鉄道マニアが興味をもつでしょう。そんなふうに、少しでも未知の読者が得られれば、あなたの本は社会の広い範囲に行き渡ることになります。

そのためには、その分野の雑誌の編集部や、評論家や、有識者に、本を贈呈することも必要です。

とにかく制作費のすべてを自分で負担するということであれば、いまは自費出版をするのは簡単なのですが、あなたがもし、文章を書くことに不慣れであり、手書きの原稿用紙に、誤字脱字の多い文章を書くというのであれば、自費出版の書籍を多く出している出版社に依頼すればいいでしょう。

そこには、そういう書き手に慣れた編集者がいて、誤字を修正したり、枚数が多い原稿を取捨選択して適度な長さにまとめてくれたり、いろいろとアドバイスをしてくれることと思います。

そうした出版に到るまでの経緯を短くまとめ、世話になった編集者に謝辞を書いて、短く《あとがき》をまとめる。

それでいいと思います。

最後に、皆さんに読んでいただいたこの本のことを書いておきます。

わたしのこの本は、版元の責任者と偶然の機会に出会って、何か書いてくださいと頼まれ、担当編集者をまじえて話をしているうちに、《自分史》というテーマはどうかと提案されて、書き始めたものです。

そういう経緯がなければ、この本を書くこともなかったと思われます。

書きながら、わたし自身が、自分の半生を振り返ることになりました。人間っていったい何だろうといった哲学めいたことも考えました。

その意味では、わたし自身にとっても大切な一冊になったと思っています。

本というものは、不思議なものです。

この本をきっかけとして、多くの人が《超自分史》を書くことになれば、本というものの不思議さは、ますます広がっていくことでしょう。

これはわたしのこの本の《あとがき》です。版元の人々に感謝の言葉を記して、この本をしめくくることにしたいと思います。

〔著者略歴〕　三田 誠広（みた・まさひろ）

1948年、大阪府生まれ。早稲田大学文学部卒。77年『僕って何』で芥川賞。早稲田大学文学部客員教授を経て、現在は武蔵野大学文学部教授。日本文藝家協会副理事長。日本ペンクラブ理事。主な作品は、青春小説『いちご同盟』（集英社文庫）、歴史小説『空海』（作品社）『西行　月に恋する』（河出書房新社）『清盛』（ＰＨＰ文芸文庫）、評論『実存と構造』（集英社新書）、翻訳『星の王子さま』（講談社青い鳥文庫）など。

超自分史のすすめ

平成24年８月20日　初版印刷
平成24年８月30日　初版発行

Printed in Japan
ISBN978-4-490-20798-9　C0095

著　者　三田誠広
発行者　皆木和義
印刷製本　東京リスマチック株式会社
発行所　株式会社東京堂出版
http://www.tokyodoshuppan.com/
〒101-0051　東京都千代田区神田神保町1-17
電話03-3233-3741　振替00130-7-270